DESIGN X INNOVATION

INDEX

추천사 04

프롤로그 06

1. 2022 X 변화 **08**
1-1. 패러다임 x 시프트 10
1-2. 뉴노멀 x 환경 12
1-3. 창업가 x 시스템 14

2. 디자이너 x 이노베이션 **16**
2-1. Why x How 올리브유니온 18
2-2. Brand x Experience 맹그로브 34
2-3. Direction x Attitude 모온 52
2-4. Experimental x UX 에이플럼 70
2-5. Trend x Challenge 베이직먼트 88
2-6. New x Reality 링크플로우 100
2-7. Like x Creative 해피해피케이크 124
2-8. Vision x Leadership 워크룸 140

3. 스타트업 x 프로세스 **170**
3-1. 기존의 프로세스 172
3-2. 린 스타트업 174
3-3. MVP 176
3-4. 스타트업 용어 178

에필로그 188

주 190

추천사

보이지 않는 것을 아름답게 만드는 디자인力, 이를 가진 창업가들의 이야기.

요즘 세대의 많은 기업이 고객 경험, 브랜드 경험과 같이 눈에 보이지 않는 것을 아름답게 만들어 소비자들에게 차별적인 가치를 전달하는 것에 에너지를 쏟고 있다. 하지만 보이지 않는 것을 아름답게 만드는 일은 말처럼 쉽지 않다. 이러한 일이 가능하려면, 세 가지 능력을 갖춘 사람이 되어야 한다고 생각한다.

첫 번째는 현재 존재하지 않는 것을 생생하게 상상하는 능력이다. 두 번째는 이를 구체화할 수 있는 능력이다. 그리고 마지막은 상상하고 구체화하는, 이 과정을 반복하여 이전보다 더 나은 것을 만들어낼 수 있는 능력이다. 나는 이러한 능력을 디자인力이라고 부른다.

홍익대학교 국제디자인전문대학원의 교수로 부임하면서 수많은 학생을 가르치고 있다. 그리고 나의 제자들이 이러한 능력을 스스로 배양할 수 있도록 무던히 애써왔다. 이들이 졸업 후 사회에 나가, 수준 높은 디자인力을 갖춘 이 책 안의 디자이너 창업가들처럼 지금보다 더 나은 세상을 만들 수 있기를 바란다. 각기 다른 매력을 가진 디자이너 창업가들의 진솔한 시행착오들이 담긴 이 책은 앞으로 나아가는 수많은 혁신 창업가들에게 하나의 이정표가 되어줄 수 있다고 믿는다.

김보연 홍익대학교 국제디자인전문대학원 교수

보이지 않는 것을 아름답게 만드는 디자인力,

이를 가진 창업가들의 이야기

프롤로그

디자이너 창업가가 혁신적인 스타트업을 만든다.

혁신적인 스타트업 기업은 몇 가지 공통점을 가지고 있다. 첫째, 빠르게 변화하는 트렌드와 사용자의 니즈를 따라 유연하게 사고한다. 둘째, 계발 단계에, 혹은 시장에 유통했을 때 발생 가능한 여러 문제점과 가설을 세워 혁신적으로 해결한다. 셋째, 예측한 가설이 시장에서 실제로 발생하고 원활히 해결될 때까지 반복적인 프로세스를 진행한다. 마지막으로 제한된 자원을 최대한으로 활용하기 위해 새로운 방법을 고민하고, 그 결과로 새로운 가치를 창출해 낸다.

그렇다면 성공한 스타트업 기업을 만들어내는 인재들은 어떤 사람일까 궁금해진다. 놀랍게도, 우리가 잘 알고 있는 에어비앤비, 배달의민족, 핀터레스트, 인스타그램, 유튜브 등 기업가치가 1조원이 넘는 회사의 유니콘 창업자 및 창업 멤버들 다수가 디자이너 출신이다.

이는 과연 단순한 우연일까? 디자이너들은 소비자에게 보여지는 이미지를 만드는 직업의 특성상, 사용자 중심의 사고를 하여 문제를 빠르게 파악하고 해결할 수 있도록 하는 훈련을 긴 시간 하게 된다. 앞서 말한 혁신적인 스타트업의 공통점과 연결지어 보면 이러한 특징은 성공적인 창업을 하기에 유리한 조건임은 분명하다. 어느 때보다 사용자 중심의 이해를 기반한 빠른 문제해결력을 갖춘 기업들만이 살아남는 세상에서 디자이너들의 역할은 점점 더 넓어지고 중요해질 수밖에 없는 것이다.

디자인의 어원은 '설계하고 계획하다'이다. 이러한 의미를 되새기며 디자이너를 새롭게 정의한다면, '사용자 중심의 문제를 발견하여, 이를 해결할 수 있는 방법을 변화하는 세대에 맞춰 설계할 수 있는 사람들'이라고 말하고 싶다. 미래가 어떻게 변할지 아무도 모르지만, 분명한 것은 상상하는 미래를 현실화할 수 있는 사람들로 인해 세상은 또 한번 뒤집힐 것이다.

창업을 준비하는 디자이너, 디자이너처럼 사고하는 창업가, 그리고 자신이 미래를 바꿀 수 있다고 믿는 무모하지만 용감한 이들에게 영감을 주고자 이 책을 기획하였다.

1
2022 X 변화

코로나로 인해 세상은 많은 변화를 겪었다. 그 변화의 소용돌이속에서 우리의 삶 역시 이전과는 다른 방향으로 흘러가고 있다. 이러한 변화를 마주하는 인간은 어떤 생각을 하고 그 생각은 또 어떤 방향으로 우리를 데려갈지 고민했다.
과거를 돌아보면 예기치 못한 거대한 사건들은 반복적으로 일어났고, 그때마다 난세의 영웅처럼 어지러운 세상을 이끄는 사람들이 나타났다. 코로나는 아직 끝나지 않았고 앞으로 어떻게 될지 아무도 예측할 수 없는 우리는 어떻게 살아가야 할까? 거대한 변화 앞, 길을 찾기 위한 고민들을 던져 본다.

1-1.
패러다임 x 시프트

그 시대나 어떤 분야에 있어서
당연하게 여겨져 왔던 인식이나
사상, 사회 전체의 가치관이
혁명적이거나 또는 극적으로 변화하는 것

패러다임
: 한 시대의 사람들의 견해나 사고를 근본적으로 규정하고 있는 인식의 체계.
또는, 사물에 대한 이론적인 틀이나 체계. 순화어는 '틀'

"그래도 지구는 돈다."

1633년, 갈릴레오 갈릴레이는 지동설을 주장한 책을 썼다는 이유로 종교재판을 받았다. 앞으로 지동설을 주장하지 않을 것을 약속한 후에 집으로 돌아오면서 말했다고 전해지는 문장이 위의 문장이다. 현재 지구가 돈다는 것을 모르는 사람은 없지만 이때는 그렇지 않았다. 지금은 당연한 사실이 한때는 재판까지 받아야 하는 큰일이었던 것이다.

패러다임은 이처럼 한 세대에게 널리 퍼지곤 했으나, 그것이 꼭 옳게 받아들여졌다는 것을 의미하지는 않는다. 패러다임은 계속해서 변화하고, 이러한 변화를 이끄는 중심에는 사람이 있다. 그리고 현재, 이와 비슷한 맥락의 일을 해내는 사람들을 우리는 창업가라 부른다.

배달의 민족이 수조 원에 매각되었고 넷플릭스와 아마존 같은 기업이 사람들의 삶의 방식을 완전히 뒤바꿔 놓았다. 이 회사를 만든 사람들은 주목받았고, 여러 인재는 이 시장으로 발걸음을 옮긴다. 많은 사람은 코로나로 변화한 상황을 위기라 느끼고 몸을 움츠릴지 모르지만, 이런 순간에도 누군가는 보이지 않는 곳에서 제2의 배달의 민족, 넷플릭스, 아마존을 탄생시키길 꿈꾸며 밤을 지새우고 있을 것이다. 진부한 이야기지만 위기를 기회로 바꾸는 자들이 또다시 새로운 패러다임을 만들어 낼 것이다.

1-2.
뉴노멀 X 환경

코로나 팬데믹 이후 미디어에 가장 많이 나오는 단어가 뉴노멀이다. 뉴노멀(New Normal)은 2007~2008년 금융위기와 2008~2012년 글로벌 경기침체의 여파에 따른 재정 상태를 일컫는 비즈니스 및 경제 용어이다. 이후 뉴노멀은 '이전엔 비정상적이었던 것이 현재는 일반적인 것이 된 상황'을 표현하기 위해 다양한 맥락에서 사용되었다. 지금 시대에 이 용어가 다시 쓰이는 것 또한, 코로나 이전에는 비정상적이었던 것들이 현재는 정상적인 것들로 자리잡고 있고, 향후 포스트 코로나 시대에도 이러한 현상이 이어질 것이기 때문이다.

지난 2016년 1월, 4차 산업혁명 시대를 선언한 다보스포럼은 '미래 일자리 보고서'를 통해 "전 세계 7세 아이들 중 65%는 지금은 없는 직업을 가질 것"이라고 말했다. 구체적으로는 "향후 5년 내 사무직 등 일자리 710만 개가 줄어들고 대신 데이터 분석 등 컴퓨터 분야 일자리 210만 개가 새로 만들어질 것"이라고 단언했다. 이런 선언 이후 5년이 흐른 지금, 이들의 예상은 맞아떨어지고 있다.

코로나로 인해 사회적 '디지털 전환(Digital Transformation)'이 가속화되었고, 기업들은 더 이상 전통적인 개념의 블루칼라나 화이트칼라 채용을 선호하지 않게 되었다. 디지털화되지 못한 많은 산업이 IT기반의 산업으로의 변화하는 과정에서 오랜 시간 쌓여온 산업과 기업의 전반적인 구조가 뒤바뀌었고, 이 과정에서 새로운 생각과 새로운 관점을 가진 융합형 인재가 필요해졌다.

뉴노멀한 것을 이해하고 이에 적응하기 위해 경계가 구분되어 있던 산업의 영역이 서서히 융합되고 새로운 영역이 만들어지면서 많은 변화가 나타나고 있다. 점점 전공을 벗어나 이제는 '디자이너 + 개발자 = 디발자' 라거나, '마케터 + 개발자 = 마발자'와 같은 사람들을 주변에서 많이 볼 수 있다.

뉴노멀 시대에는 한가지 우물만 파는 사람이 아닌 다른 영역에 대한 폭넓은 이해력을 가진 사람들이 필요하다. 이를 위해서는 어떤 능력을 배양해야할까? 필자의 생각으로는 새로운 세상에 대한 자신만의 관점과 판단의 기준이 필요하다. 내가 세상을 이해하는 관점, 내가 세상을 이해하는 방법, 내가 세상을 이해하는 기준을 갖고 있어야 새로운 기준을 만들어 갈 수 있다. 삶의 주인이 되어 스스로의 경험과 생각을 재조립해야 한다. 다양한 산업군에서 이미 실험적인 이들이 한 발 앞서서 새로운 서비스를 만들고, 젊은 층이 열광하는 브랜드를 론칭하고 있다.

1-3
창업가 X 시스템

대한민국은 개발 도상국에서 선진국으로 가는 과도기에 최대의 창업기업 기록을 매년 갱신하고 있다. 2019년 한해 창업 기업 100만 개, 20년 상반기만 81만 개, 그리고 2020년 정부가 지원하는 창업지원 예산이 1조 4천 5백억 원이다. 창업하기 좋은 환경이라는 말이 어색하게 들릴지 모르겠지만, 평생직장은 없다는 불안감과 코로나로 인한 불확실성, 그리고 막대한 정부의 창업지원 예산의 증가가 합쳐져 창업하기 좋은 환경이 구축되고 있는 게 사실이다. 현재 창업가의 숫자만 봐도 가히 모두가 창업하는 시대이다.

공동저자인 이민우 대표 역시 정부에서 기관에서 주최하는 빅데이터 서비스 기획 부문에서 수상을 하며 창업에 뛰어들었다. 2021년 디자인엔지니어링을 공부하면서 공공 데이터를 활용한 서비스를 만들어 아이디어 공모전에 참가했는데, 큰 상을 수상하고 이를 기반으로 아이디어가 실제 창업까지 이어질 수 있도록 정부부처를 통해 많은 지원을 받고 있다. 이제는 정부 지원 사업들을 활용하여 많은 청년이 대학교 1~2학년인 나이에도 무자본으로 창업 전선에 뛰어 든다. 변화를 앉아서 공부하는 것이 아니라, 실제로 경험하며 뉴노멀 시대의 인재로 거듭나고 있다.

또한 쉽게 알 수 없는 변리, 회계, 세무, 투자자, 다양한 업체와의 연결을 알선하며 예비 창업가가 빠르게 부족한 부분들을 접할 수 있도록 도와주고 있다. 정부뿐만 아니라 민간 기업들에서 운영하는 다양한 인큐베이팅 및 엑셀러레이팅 사업들 또한 많이 구축되고 있다. 이런 사업에 도전해가며 자신의 아이디어와 서비스를 구체화할 수 있도록 많은 지원을 한다. 이처럼 창업 기업이 늘어나는 현상의 원인은 앞서 말한 환경도 있지만, 아이디어만으로 충분히 사업성을 검증해 볼 수 있는 서비스들이 많아졌기 때문이다. 그 중 크라우드 펀딩이 하나의 예다.

미국의 킥스타터, 인디고고를 이어 한국에서도 와디즈, 텀블벅과 같은 펀딩 사이트들이 시스템을 갖추고 많은 소비자를 모았다. 과거와 다르게 막대한 자본이 없더라도 시스템을 활용하여 창업에 뛰어들 수 있게 된 것이다. 현재 와디즈의 경우 테크/가전, 패션/잡화, 뷰티, 푸드, 홈 리빙, 디자인 소품, 여행/레저, 스포츠/모빌리티, 반려동물, 모임, 공연/컬쳐, 소셜/캠페인, 교육/키즈, 게임/취미, 출판, 기부/후원에 이르기 까지 모든 영역에서 아이디어를 가진 자들이 자신의 고객을 미리 만나볼 수 있다. 물론 책임감 없이 아이디어만 가지고 곧바로 펀딩을 통해 사업을 시작할 수 있다는 것은 결코 아니다. 하지만 과거의 시스템과 전혀 다른 새로운 시스템이 생겨나 창업으로 가는 문턱을 현저하게 낮춘 것은 사실이다. 필자 역시 와디즈, IT 분야 및 소셜/캠페인 분야를 포함하여 총 4번의 펀딩 경험이 있고, 앞으로도 이러한 시스템을 이용해 창업을 지속할 예정이다. 이처럼 고객을 사로잡을 만한 새로운 아이디어가 있다면 펀딩 시스템을 활용하여 창업가가 될 수 있다.

2
디자이너 X 이노베이션

수많은 창업가들, 디자이너들이 펜데믹 시대에 세상을 바꿔 보겠다며 혼자서 혹은 팀원을 모아 창업한다. 넘치는 열정을 가지고 시작하지만 짧은 시간 내에 생각지도 못한 많은 벽을 마주하게 될 것이다. 그리고 이러한 벽을 넘는 방법에는 정답이 없고 창업 팀원들과 머리를 맞대고 해결해 나갈 수밖에 없다. 계속해서 나타나는 크고 작은 벽을 넘기 위해 할 수 있는 모든 방법을 동원해야 하며, 버텨야 하고 그래야만 생존할 수 있다.

돌이켜보았을 때, 우리에게 가장 크게 도움이 되었던 방법은 선배 및 동료 디자이너 창업가들과 만남이었다. "우리는 앞으로 어떻게 살아가야 할까?"와 같은 질문에서부터 "나는 누구인가." 같은 질문까지 창업 이후 수없이 마주할 질문들을 주고받았으며, 저마다의 생각을 이야기했다.

선배 및 동료 창업가를 만나면서 공통으로 느낀 것이 있다. 이들은 자신만을 위한 질문이 아닌 모두를 위한, 더 좋은 질문을 던진다. 위기를 극복하기 위해, 세상을 좀 더 나은 방향으로 바꾸기 위해 질문을 던진다. 선배 및 동료 디자이너이자 창업가인 그들과의 만남을 통해, 그들 관점을 엿보며 불안한 미래를 준비할 수 있는 작은 씨앗들을 얻었다.

우리에게 길잡이가 되어준 선배 및 동료 창업가들이 귀띔해 준 디자이너로서, 그리고 창업가로서의 좋은 철학과 관점, 이들의 지혜를 소개한다.

WHY X HOW

Oilve Union
올리브 유니온

스마트 보청기를 개발 및 제조하는
스마트 웨어러블 스타트업인 올리브유니온

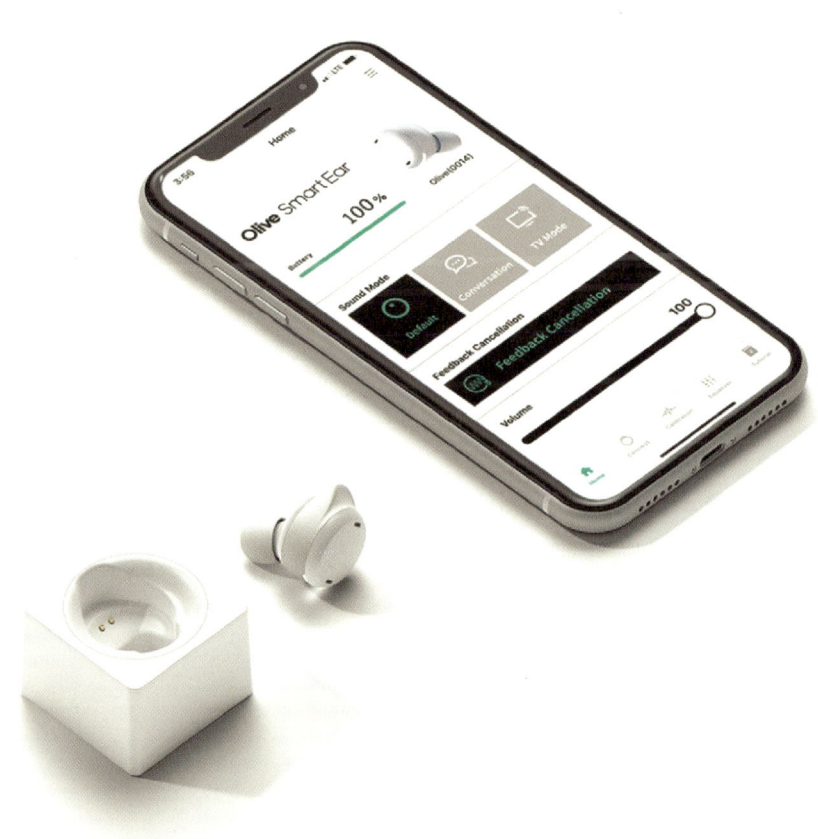

출처: oliveunion.shop

Oilve Union

송명근 CEO

"

단기간의 빠른 성공은 허상이라고 생각합니다.

천천히 소신 있게 목표를 향해 나아가다 보면

그 분야에 단단히 뿌리내리고 있는 자신을 발견하게 될 겁니다.

덧붙여 트렌드를 쫓지 말라는 말을 전하고 싶습니다.

사업의 성장속도보다 트렌드의

성장 속도가 대부분 훨씬 빠릅니다.

"

제품을 디자인 하실 때 디자인,가격,편의성을 다 고려하셨다고 들었는데, 이 과정에서 조율이 굉장히 힘드셨을 것 같습니다. 디자인과 가격 편의성의 균형을 고려하실 때 가장 어려웠던 것이 무엇인지 궁금합니다.

디자인, 가격, 편의성 간 균형에 대해 고민해 본 적은 없습니다. 고객 입장에서 세 가지 요소는 우열을 가릴 수 없이 중요하기 때문에 3개 요소 간의 적절한 밸런스보다는 각각의 최선을 찾는데 집중했습니다. 각 나라마다 고객이 추구하는 편의 성향, 디자인 선호도 등이 달라 하나의 제품으로 어떻게 다양한 국가의 고객 취향을 맞추는 게 무척 어려웠습니다. 예를 들어 한국과 달리 일본 고객들은 사용자 매뉴얼을 굉장히 자세히 읽고, 보관하고 자주 사용하기 때문에 훨씬 더 디테일한 설명이 들어가야합니다. 그래서 일본 매뉴얼은 별도로 작업하기도 했습니다.

제품과 앱을 함께 제작한다는 것이 스타트업이 하기 정말 힘든 과정이라고 생각이 되는데, 앱을 제품과 함께 만드는 과정에서 어떤 어려움이 있었고, 그것을 어떻게 해결해 나가셨는지 듣고 싶습니다

경험이 전무했기 때문에 처음 시제품 제작 때 발생한 하드웨어 이슈를 사전에 예측하지 못했습니다. 리스크 매니지먼트가 전혀 되지 않았던 것입니다. 물론 솔루션도 없고 도와줄 전문가도 없었습니다.

결국 전 직원이 급하게 공장으로 내려가 일일이 수작업으로 문제를 찾고 솔루션을 만들기까지 했습니다. 2주간 공장 옆의 허름한 모텔에서 모두가 함께 부대껴가며 해결 방법을 찾아내만 했습니다. 이후에도 여러 영역에서 겪어 보지 않았다면 몰랐을 일들을 직접 부딪혀가며 배우고 시행착오를 줄여 나가고 있습니다.

펀딩을 준비하면서 가장 신경을 많이 쓰셨던 부분은 어떤 부분인지 궁금합니다.

캠페인이 전달하는 메시지, 스토리텔링에 가장 많이 신경을 썼습니다. 우리 제품에 대해 하고싶은 이야기가 굉장히 많았지만 고객들에게 가장 매력적으로 느껴질 수 있는 요소를 적절하게 배치해야하기 때문에 사전에 많은 리서치를 했습니다. 리서치 결과는 처음 내부적으로 예상했던 것과 많은 차이가 있었습니다.

인사이트도 중요하지만 고객들의 자발적 참여로 이루어지는 펀딩이라는 시스템에서는 그들로부터 얻은 데이터의 가치가 더 높다고 판단했습니다. 그래서 데이터를 기반으로 스토리를 재구성했고 결과적으로 상당히 좋은 성과를 얻을 수 있었습니다.

해외진출을 처음부터 계획했는지 궁금합니다.

해외진출을 염두에 두고 시작했습니다. 아이템에 대한 확신은 있었지만 한국 시장이 작아서 처음부터 해외시장을 생각할 수 밖에 없었습니다. 덕분에 회사 구성원의 절반 이상이 외국인이고 회사 내부 공용어가 영어입니다.

해외 진출을 하시면서 많은 어려움이 있으셨을 것 같습니다. 어떤 어려움들이 있었고 그것을 어떻게 해결해나가셨는지 궁금합니다.

미국도, 일본도 맨 땅에 헤딩하는 심정으로 차근차근 적응해가고 있습니다. 일본 같은 경우, 실무능력 외에도 소통을 위해 영어를 잘하는 직원을 찾아야 했고, 현지 경험이 없으니 일상 생활에도 어려움이 많았습니다. 지금은 어느 정도 적응을 마치고 손발을 맞춰가고 있습니다.

투자자와 미팅을 하고 피칭을 하셨을 때 가장 중요하게 생각하신 부분이 무엇인지 궁금합니다.

투자자 입장의 ROI를 어떻게 설득할 것인가를 항상 중요하게 여겨왔습니다. 사업의 의미, 디자인과 같은 부분은 고객에겐 의미 있지만 투자자에게는 아닐 수 있습니다. 투자자는 결국 투자금을 크게 회수해 이익을 보는 것이 목표이기 때문에 거기에 우리 회사가 어떤 역할을 할 수 있는지를 어필했습니다.

초기 600만원만 들고 창업을 하셨다고 들었는데, 성공할 수 있다는 확신이 있었는지 궁금합니다.

성공할 수 있다는 확신이 '나 혼자만의 착각이 아닐까'라는 생각 때문에 사전에 사업모델을 최대한 검증해보려 노력했습니다. 크라우드 펀딩을 해서 고객들의 의견을 듣고, 데모데이와 같이 각 분야의 멘토와 전문가를 만날 수 있는 행사에 참여해서 많은 이야기를 나눴습니다. 정부지원금, 데모데이 상금, 크라우드 펀딩, 그리고 투자유치의 순서로 스케일을 점점 키워 갈 수 있었습니다. 많은 분들의 조언과 크고 작은 성과들을 통해 저만의 착각이 아니라는 확신을 갖기 시작했습니다. 그리고 '된다, 안된다' 보다는 어떻게 되게 할 것인가에 초점을 맞추고 생각합니다.

새로운 기술을 연구하기 시작했을 때 올리브유니온만의 프로세스가 있었나요?

아무래도 대표인 제가 디자인 베이스이다 보니 디자인적 측면에서 제품의 컨셉에 대해 먼저 생각을 하고 난 후, 개발팀, 마케팅팀 담당자들과 구체화 시켜가는 편입니다.

기술의 한계에 부딪쳤을 때 어떻게 이를 풀어내셨나요?

처음 1세대 모델 개발 시, 배터리 사이즈때문에 귓 속으로 완전히 들어가게 할 수 없었습니다. 어쩔 수 없이 일반적인 보청기와 반대로 귀 바깥으로 드러나야 했는데 이 점을 디자인적으로 풀어서 블루투스 이어폰처럼 보이게 했습니다. 숨기고 싶지 않게 만들면 굳이 숨기는 디자인이 필요 없게 되니까요.

새로운 혁신에 대한 불안감과 부담감을 어떻게 극복하셨나요?

혁신해야 한다는 부담은 없습니다. 처음부터 혁신을 의도하지 않았기 때문입니다. 그보다는 기본적인 틀을 잘 잡아야 한다는 불안과 부담이 더 큽니다. 극복하는 방법은 정면 돌파가 최선이라고 생각합니다. 외면하거나 품고 있기만 하면 부정적 감정은 사라지지 않기 때문입니다. 원인을 찾고 이해해서 해결하려고 노력하고 있습니다.

출처: oliveunion.shop

어떻게 창업을 시작하게 되었나요 ?

미국 뉴욕에서 유학할 때, 고모부께서 주말마다 한국 음식을 만들어주셔서 자주 왕래했습니다. 당시 고모부께서 난청을 갖고 계셔서 가족들이 보청기를 선물해드렸는데 며칠 가지않아 이내 서랍 깊숙이 자리잡게 되었습니다. 보청기로 들리는 소리에 적응하지 못하셨기 때문입니다.

2대에 약 1천만원이나 되는 고가의 제품이었는데 그렇게 어처구니 없는 이유로 무용지물이 된다는 것에 궁금증이 생겼습니다. 조금 찾아보니 보청기 핵심 기술이 아직도 1900년대에 머물러 있다는 것, 몇몇 대기업의 시장독점, 복잡한 유통구조로 지나치게 비싼 가격에 판매되고 있다는 것을 알게 되었습니다. 첨단 기술의 집약체인 스마트 폰도 불과 몇 십 만원이면 되는 세상에 청력 보완에 필수인 보청기가 이런 사용성과 가격이라는 게 이해되지 않았습니다. 비슷한 역할을 하는

렌즈나 안경은 어디서든 쉽게 저렴한 가격에 구할 수 있고 선택의 폭이 넓은 것도 모자라 패션이 되었는데 "보청기는 왜?"라는 물음표가 생겼고 거기서 모든 것이 시작되었습니다.

올리브유니온 대표님의 철학은 무엇인지 궁금합니다. 그런 철학은 어떻게 가지게 되셨나요?

평소에 호기심이 많은 편입니다. 질문하고 답하다 보면 군더더기를 걷어낸 핵심을 찾아낼 수 있기 때문에 스스로에게도 "왜?"라는 질문을 정말 많이 합니다. 하루에도 수많은 의사 결정을 하는데, "왜?"라는 질문은 좋은 구심점이 되곤 합니다. 제품 디자인과 건축을 공부하면서 배운 일종의 습관입니다. 저는 항상 디자인하고 설계한 결과물이 누군가의 생활에 도움이 되고 삶의 질을 향상시키길 바랐습니다. 이를 위해서는 제품 본연의 기능을 살리면서 간결한 디자인을 고안해내는 것이 중요했습니다. 그러다 보니 많은 부분을 덜어내는 방식으로 본질적인 부분에 대해서만 생각하게 되었고 제 사고방식에도 큰 영향을 주었습니다.

디자이너와 창업가의 차이는 무엇일까요 ?

디자이너는 사용자 관점에서 효용을 극대화하는데 관심을 두는 반면 창업가는 이익의 극대화를 추구한다는 점에서 차이가 있다고 봅니다. 사용자를 만족시키기 위한 좋은 재료가 담긴 화려한 패키지로만으로는 사업을 영위할 수 없습니다. 디자인적 측면에서뿐만 아니라 개발, 재무, 영업 등 모든 맥락을 고르게 이해하고 조율해 결정을 내려야할 필요가 있습니다. 그래야만 이익을 내고 회사를 운영할 수 있게 되기 때문입니다. 간혹 디자이너로서의 욕심이 앞설 때마다 반대로 사업가 측면에서 상반되는 지점을 고민해보고 최선의 선택을 하려고 노력합니다.

디자이너로써 창업을 한다면 무엇이 중요할까요?

디자이너의 장점은 리서치부터 시작해서 기획, 결과물을 만들어 내는데 훈련이 잘 되어있다는 것입니다. 아이디어를 실체화 하는데 익숙하기 때문에 사업 초기에는 도움이 많이 되지만 일정수준 이상으로 규모가 커지면 오히려 이것이 방해가 되기 시작합니다. 그간 해왔던 생각의 틀에서 벗어나 여러 관점에서 볼 줄 아는 능력이 필요하게 됩니다. 팀을 구성하고 운영하거나, 투자자를 설득하려면 그 사람의 입장에서 왜 그렇게 생각하는지 이해하고, 무엇이 필요한지 찾아내야 하기 때문입니다. 일반적으로 디자이너가 결과물을 만들면 마케팅과 영업 쪽에서 예쁘게 포장해 수익을 내지만 사업가는 이 모든 단계를 다 고려해야 합니다. 디자이너일 때는 생각해본 적 없던 문서 작성, 원가계산, 재무제표 보기, 계약서 작성, 협력사 선정 등을 직접 해야합니다. 결과물이 매출로 이어지게 하는 건 무척 어려운 일이기 때문에 크고 작은 실패를 경험할 수 밖에 없습니다. 시행착오를 줄이기 위해 미리 공부하고 연습하는 것은 물론 많은 멘토들을 만나 그들의 경험으로부터 배우고 실패에 대한 연습과 면역력을 기르는 것이 중요합니다.

새로운 관점을 얻기 위해서, 색다른 걸 만들기 위해서는 무엇이 중요한가요?

호기심을 갖고 세심하게 관찰해봐야 합니다. 일본 진출 계기도 우연한 발견에서 시작되었습니다. 세계적으로 보청기 시장 규모가 가장 큰 곳은 미국이고, 크라우드 펀딩에서 가장 큰 관심을 보인 것도 미국인들이있기 때문에 저희 회사 목표 제1순위 역시 미국이었습니다. 각국의 사람들이 모이는 전자박람회에서 가장 적극적으로 관심 갖고 찾아오는 사람들은 신기하게도 일본인들이었습니다. 미국에서 열리는 전시회였지만 예상외의 반응에 일본으로의 진출을 진지하게 검토해 보게 됐습니다. 그 결과, 일본 진출 불과 2년만에 매우 좋은 성과를 내게 되었고 타당한 결정이었다고 생각합니다. 색다른 결과물을 만들기 위해서는 세심하게 관찰하고 실행해봐야 합니다. 생각에만 그치면 어떤 것도 만들어낼 수 없습니다. 완제품이 나오기까지 수 백 개의 시제품이 있는 것처럼 익숙한 것을 세심하게 관찰하고 면밀하게 검토하고 행동에 옮기기를 반복해야 새로운 것을 얻을 수 있습니다.

영감을 받기 위해 갖고 계신 습관이나 노력하는 것이 있나요?

책을 정말 많이 읽습니다. 인터넷이 발달하고 유튜브를 통해 수많은 영상 컨텐츠가 쏟아지고 많은 지식을 얻을 수 있게 된 것은 분명 유익한 일이지만, 비주얼화된 정보는 상상의 폭을 좁히기 마련입니다. 책은 수십, 수 백 번의 정제과정을 거친 단어와 문장이 담겨 완성되기 때문에 독자가 채울 수 있는 여백이 존재합니다. 그래서 저는 주로 텍스트로 정보를 습득하고 중간중간 꼬리에 꼬리를 무는 상상을 이어가곤 합니다.

대표님만의 차별점이 있다면 궁금합니다.

여러 문화를 경험하며 갖게 된 사고의 유연성이 제 강점이라고 생각 합니다. 학생 시절, 열쇠로 문을 잠갔을 때 잠금 표시가 되는 디자인으로 레드닷 디자인 어워즈에서 베스트 오브 더 베스트를 수상한 적이 있습니다. 당시 한국에서는 이미 도어락이 보편화 됐지만 심사가 이뤄지는 독일은 열쇠를 주로 사용했습니다. 도어락에 익숙한 한국에 있는 주변사람들은 '이런 게 되겠냐'는 반응이 주였지만, 여기서는 필요 없을 지 몰라도 독일은 사정이 다르기 때문에 분명 의미가 있을 거라는 확신이 있었고 실제로 수상까지 하게 됐습니다. 또한 한국, 미국, 일본, 브라질, 인도, 베트남 등 여러 국가의 인재들로 구성된 현재 회사의 구조 상, 다양한 배경을 가진 구성원의 관심과 의견을 수렴하고 충족시키려면 한 가지 틀에 매이기 보다 인류 보편적 가치를 추구하게 됩니다. 이런 경험과 환경 덕분에 한쪽에 치우치지 않고 경계를 넘나드는 안목을 기를 수 있었습니다.

출처: oliveunion.shop

출처: oliveunion.shop

창업을 하고 지금까지 오시기 까지 좀 더 빨리 알았다면 좋았을 것은 무엇인가요?

남들이 다 한다고 해서 우리에게도 좋으리란 법은 없다는 점입니다. 예를 들어 대기업이나 빠르게 몸을 불리는 벤처회사들이 앞다투어 하는 방송 광고, 신문 광고, 라디오 광고는 저희 회사에는 맞지 않았습니다. 그렇지만, 이것 역시 해보지 않고서는 알 수 없었을 것이기 때문에 무의미한 시도는 아니었다고 생각합니다. 스타트업 뿐 아니라 모든 기업은 실수를 하고, 거기서 배움을 얻어 앞으로 나아가느냐 주저 앉느냐로 가는 길이 달라지는 거니까요.

생각나는 큰 시행착오에 대한 이야기들이 있다면 듣고 싶습니다.

회사 운영이나 시장에 대한 경험이 적다 보니 겪게 된 일들이 몇 가지 있습니다. 양산 계획을 잘못 세워 재고를 현금화하는데 어려움을 겪기도 하고 예상보다 빠르게 늘어난 인원 덕에 한 건물에 추가로 사무실 한 층을 더 임대하기도 했습니다.

장애물이나, 리스크를 마주하셨을 때 어떻게 해결하셨고 어떤 방식으로 해결하시는 지 궁금합니다.

해결방법에 골몰하기보다 먼저 문제 원인을 분석하고 이해하려고 노력하는 편입니다. 문제가 제대로 파악 되어야만 해결 가능성도 높아지기 때문입니다. 예를 들어 새로운 시장에 진출하는 방법은 여러가지가 있지만 현지 네트워크를 활용하기 위해 투자 받는 쪽을 선택했습니다. 대부분 현지 유통 관련 업체를 찾지만, 저는 투자처를 먼저 찾았습니다. 직접 현지에서 부딪혀가며 그 시장을 가장 잘 알고 있는 사람들의 도움을 받았기 때문에 빠르게 유통망을 확보하고 유능한 인적자원도 얻을 수 있었습니다.

후배 또는 창업하려는 디자이너들에게

디자인은 창업의 극히 일부분이라고 생각합니다. 사업에서 디자인 영역은 정말 극히 일부일 뿐이고 사소하게는 영수증을 붙이는 일부터 현금흐름을 아는 것까지 경시해서는 안될 일들이 정말 많으니 다양한 경험과 준비가 필요합니다. 외적인 것에만 치중하다 보면 시장에서 설 자리를 잃을 수 있습니다. 회사 운영과 확장을 위해 투입한 자금이 얼마나, 어떻게 수익을 내는지, 어느 부분에서 늘리고 줄여야 효율적인 자금운용이 되는지 알아야 투자자와 이야기하고 설득할 수 있는 경험치가 쌓입니다. 그리고 시장 검증을 정말 많이 해봐야 합니다. 이 아이디어가 사람들이 시간과 돈을 지불 할만 한 지 확인해야 본격적인 사업화 단계에서 리스크를 줄일 수 있습니다.

혁신을 위한 창업가들에게 해주실 말이 있으실까요?

회사가 성장할수록 대표자의 역량도 변모한다고 생각합니다. 초기에는 부지런하고 실무를 잘 하는 게 중요하지만 그 자리를 실무자들이 채우고 난 후부터는 실무에서 조금 떨어져 길게 보는 안목을 기르고 혁신하고 성장하는 것이 회사가 성장하는데 큰 역할을 합니다. 변화가 필요한 시점에 맞춰 제 역할을 할 수 있도록 충분한 역량을 기르는 것이 선행되어야 할 것입니다. 덧붙여 트렌드를 쫓지 말라는 말을 전하고 싶습니다. 사업의 성장속도보다 트렌드의 성장 속도가 대부분 훨씬 빠릅니다. 트렌드로 떠오르는 기업들은 유행을 쫓은 게 아니라 오랫동안 내실을 길러 스스로가 주류가 된 경우입니다. 단기간의 빠른 성공은 허상이라고 생각합니다. 천천히 소신 있게 목표를 향해 나아가다 보면 그 분야에 단단히 뿌리내리고 있는 자신을 발견하게 될 겁니다.

향후 목표 계획에 대해 듣고 싶습니다.

저희 분야에서 아이콘이 되고 싶습니다. 보청기로 시작된 회사지만, 다양한 제품과 서비스로 헬스케어 분야의 아이콘이 되고 싶습니다. 그래서 세계적으로 인정받는 글로벌 스탠다드에 맞는 회사로 키우는 게 목표입니다.

…
BRAND X EXPERIENCE
Mangrove
맹그로브

맹그로브는 열대 지역 해안가에서 자라는 식물로, 다양한 동식물들의
보금자리가 되어주면서 존재 자체로 지구 온난화를 막아주는 고마운 나무입니다.

mangrove는 이 나무의 가치를 우리가 살아가는 도심 속에서
실현해 나가는 코리빙 하우스입니다.
여러 생명체들을 너그럽게 감싸는 맹그로브 나무처럼, 하나의 지붕 아래
다양한 사람들이 조화를 이루는 건강한 주거와 커뮤니티를 만듭니다.

출처:mangrove.city

Mangrove

하진수 CXO

현. Mangrove Lab 연구소장

"

당연한 것들을 의심하려고 합니다.

그리고 이를 우리 멤버들과 함께 하려고 노력합니다.
다르게 생각하기 위해서는 왜 이걸 이렇게 해야 하느냐 하며
의심해야 새로운 것들이 나온다고 생각합니다.

"

안녕하세요. CXO님 소개를 부탁합니다.

저는 임팩트 디벨로퍼 기업 MGRV(엠지알브이)에서 코리빙(co-living)브랜드 '맹그로브'의 고객 경험 총괄을 맡고 있는 하진수 CXO(Customer eXperience)라고 합니다. 저는 공유주거라는 새로운 개념의 주거 서비스를 기획하고 디자인하고 있습니다. 공유 주거는 1인 가구가 증가와 함께 새로운 주거 대안으로 주목받고 있는데요. 개인의 공간을 최적화하고 타인과 함께 공유하는 공간을 다양하게 제공하여, 경제적이면서도 취향에 따른 공간을 경험할 수 있도록 디자인된 주거 솔루션입니다. 사용자가 어떤 주거공간을 원하고, 어떻게 사용하는지를 관찰하면서, 개인의 프라이버시와 안전을 확보할 수 있는 공간과 운영 원칙을 기획하고, 공용공간을 통해 커뮤니티 서비스를 디자인하는 일이 주된 업무라고 이해하시면 됩니다.

맹그로브는 어떻게 시작했나요?

맹그로브는 청년 세대가 겪고 있는 주거 문제를 비즈니스 차원에서 지속 가능한 방법으로 풀기 위해 이 일을 시작했습니다. 청년 세대들은 상당한 주거비를 지불하면서도 최소한의 주거 환경도 정당하게 보장받지 못하고 살고 있습니다. 이러한 청년 세대의 주거문제는 사회적으로도 중요한 문제가 되고 있습니다. 저희는 주거라는 공간의 본질적 가치를 재조명하고, 1인 가구라는 특성에 맞춰 주거가 갖추어야 할 조건, 그리고 각 세대의 문제를 공간과 커뮤니티를 통해 사업적으로 해결해보자는 취지로 사업을 시작하게 되었습니다.

그동안 부동산 시장은 공급자가 중심에 있던 영역이었습니다. 주거라는 상품은 소비자에게 맞춰 설계되기보다, 공급자가 자본의 논리에 충실하게 기획하는 경우가 훨씬 많았습니다. 그렇기 때문에 소비자는 적절한 돈을 지불하면서도 열악한 환경에서 최소한의 삶의 기준도 지켜지지 않는 상황에 내몰려지지 않았을까 하는 생각을 했습니다. 이를 해결하기 위해 저희는 고객의 입장에서 주거 경험을 충실하게 제안하는 사업을 검토하기 시작했습니다. 소비자에게 합리적인 가격에 만족스러운 주거 경험을 제공할 수 있는 새로운 사업구조를 만들어보자는 생각을 가지고 주거 문제를 제대로 풀어보기 시작했습니다.

CXO님은 주거 분야의 문제를 왜 풀고 싶으셨는지 궁금합니다. 처음부터 주거나 부동산 시장에 대해 잘 알고 계셨던 건가요?

아닙니다. 저는 개인적으로 부동산 시장에 대해 잘 몰랐습니다. 하지만 주거의 경험의 좋고 나쁨은 구분할 수 있다고 생각했습니다. 내가 부동산 산업을 잘 알고 모르고가 중요한 것이 아니라, 이 산업의 상품이 고객에게 올바른 가치를 제공하고 있는지 판단할 수 있느냐가 더 중요한 문제였습니다. 만약 고객 관점에서 더 나은 상품을 판단하고 창의적으로 제안할 수 있다면, 고객은 반드시 합리적 선택을 할 것이라고 믿었습니다. 그리고 이러한 접근을 디자이너 또는 디자인적 사고로 잘 풀어낼 수 있을 것이라는 생각이 있었습니다.

특히, 저는 집은 그곳에 사는 사람들이 행복할 수 있는 곳이었으면 좋겠다고 생각합니다. 우리나라는 다양한 원인들로 인해서 1인 가구가 빠르게 늘어나고 있습니다. 이런 변화로 인해 사회적 고립, 가족과의 단절, 타인과의 교류의 결핍이 늘어나고 있고, 이는 여러 사회적 문제를 야기하는 원인이 되고 있습니다. 주거 공간이 잘 설계만 된다면 주거 공간을 공유하고 이를 통해 기존의 가족들과 느꼈던 정을 이웃들과의 느슨한 관계를 통해 이런 문제들을 해결할 수 있지 않을까 생각합니다.

공유 주거를 기획하실 때, 고객경험을 위해 실제로 직접 다른 공유 시설에서 살아보고 하셨다고 들었습니다. 어떤 방식으로 설계를 하셨나요?

초기에는 쉐어하우스에 대한 스터디를 많이 했습니다. 공유 주거의 초창기 모델인 쉐어하우스는 경제적 부담을 줄이기 위해 하나의 세대를 여럿이 공유하는 형태로 활성화 되었습니다. 하지만 쉐어하우스는 주거비용의 이점을 가진 대신 프라이버시에 문제가 있었습니다. 저희는 여기서 출발하여 개인의 프라이버시에 대한 근본적인 고민과 공유주거의 함께 사용하는 공간이 갖춰야 할 조건, 타인과 적절한 거리를 유지할 수 있는 방법, 그리고 그 안에서 서로 교감을 나누고 영감을 얻을 수 있는 공간의 비결과 커뮤니티의 성격을 다각도로 고민했습니다. 이를 위해 국내에 있는 쉐어하우스를 조사하고 직접 체험하고 우리보다 먼저 시장이 활성화된 일본의 사례와 정책들을 확인하고, 미국과 유럽들을 다니면서 공유 주거, 즉 co-living의 가능성은 무엇이며 이를 어떻게 운영하고 어떤 방식으로 공간을 꾸며야 하는지 스터디를 많이 하였습니다. 치열하게 고민하고 몸소 체험하면서 오랜 시간 고민한 결과가 현재의 맹그로브의 저변에 깔려 있는 것 같습니다.

초기 유저의 어떤 부분을 어떻게 해결할 것이냐에 대한 질문을 많이 받습니다. 초반에 설계할 때 초기의 유저에게 이것 하나만큼은 해결하자 했던 것이 있을까요?

저희는 집이 집 다 울려면 개인의 삶의 핵심 영역은 건드리지 않아야 한다는 것을 가장 중요하게 생각했습니다. 공유 주거는 공유를 하기 때문에 자원을 효율적으로 사용하는 것 같아도 반대로 자원이 나의 것만이 아니기 때문에 한정될 수밖에 없는 장단점이 공존합니다. 사용자들은 주거 공간을 공유하면서도 개인의 사생활은 보호되길 원했습니다. 그래서 저희는 개인의 공간, 즉 '방'을 핵심 요소로 생각했습니다. 아무리 작더라도 프라이버시를 제공할 수 있는 1인실을 갖춰야 한다는 것을 강조하고 세심하게 디자인하였습니다.

기존의 공유 주거의 불편함을 해결하는 첫 번째 방법은 개인의 온전한 자기의 영역을 명확하게 구분해주는 것이었습니다. 또한 장점을 극대화하기 위해서는 공용 공간의 자원 효율을 극대화하는 방법으로 설계를 하였습니다. 우리가 혼자 쓰면 0.5평 정도의 주방이 있다고 생각해보면 가스레인지 하나 놓고 수도가 있으면 끝입니다. 그러나 0.5평짜리 주방을 20명 분을 모으면 10평짜리 주방을 만들 수 있습니다. 주방은 특성상 하루 24시간 내내 사용하지 않습니다. 하루에 세 번의 식사를 위한 공간이지만 그마저도 다른 선택지가 많습니다. 10평짜리 주방을 만들고 사용자들이 시간만 잘 분배하면 혼자 살아올 때보다 훨씬 더 주방다운 주방, 모든 걸 다 갖춘 쾌적한 공간이 생깁니다. 이처럼 다른 시설도 작은 공간들을 잘 합쳐 놓으면 더 좋은 경험을 제공하는 공간이 생길 수 있습니다. 일반적인 집에서는 가지지 못한 카페나 피트니스 공간처럼요. 공간을 디자인할 때 단점을 어떻게 현명하게 해결하고, 장점을 어떻게 극대화할 것인가가 핵심입니다.

이렇게 좋은 관점을 갖기 위해 필요한 태도나 방법이 있을까요?

사업은 협업이 굉장히 중요합니다. 팀으로 일하는 것은 지혜가 많이 필요합니다. 디자이너의 강점이자 약점은 보통 눈높이가 높다는 것입니다. 그래서 퀄리티에 대한 타협을 잘하지 않습니다. 사업을 하다 보면 디자인이 전부가 아닙니다. 디자인이 매우 중요한 상품도 있지만, 디자인의 역할이 크지 않는 상품도 있습니다. 사업을 할 때는 디자이너라는 생각에서 좀 더 자유로워져야 합니다. 디자이너의 관점은 버리지 않되 디자인이 전부가 아니라는 것을 알아야 다른 사람들과 협업을 할 수 있습니다.

한 조직의 대표가 되든, 1인 기업가가 되든 마찬가지라고 생각합니다. 다양한 관점에 대한 이야기를 듣고 여기서 우선순위를 취하고 포기해야 하는 것이 있다면 과감하게 포기하는 것이 사업 전략의 핵심이라고 생각합니다. 대부분은 버리지 못해서 아무런 콘셉트도 나오지 않는 경우가 많다고 생각합니다. 뾰족한 관점을 갖기 위해서는 버리는 전략 필요한데 핵심은 바로 선택과 집중입니다. 무엇인가를 뾰족하게 하려면 다른 것을 다 쳐내야 합니다. 그래야 뾰족해집니다. 보통은 쳐내는 걸 두려워하고 겁내 합니다. 그래서 아무도 원하지 않는 애매모호한 상품과 서비스가 나오게 됩니다. 이런 방향성을 창업자와 코어 멤버들이 잡고 가야 합니다. 쳐내야 할 것이 무엇인지를 먼저 알기 위해 치열하게 논의해야 합니다.

저희는 개발, 경영, 회계, 디자인 등등 저희는 여러 관점을 가진 초기 멤버가 있었습니다. 그래서 우리는 무엇을 중요하게 볼 것인지, 어떤 부분에서는 누구의 관점을 높게 봐줄 것인지를 미리 정했습니다. 내가 함부로 결정할 수 없는 있는 것은 무엇이며 누구의 전문성에 가중치를 줄 것인지를 따져가며 방향성을 잡아갔습니다. 이 과정에서 대표가 정말 중요한 역할을 합니다. 팀의 균형을 잡아주는 일을 해야 합니다. 누구에게 가중치를 줘야 할지 또 그만큼 믿고 맡겨줘야 하는 것은 무엇일지 고민해야 합니다. 그러면서도 대표는 명확하고 일관된 콘셉트를 위해 강하게 밀어붙이는 카리스마까지 갖춰야 합니다. 그래서 협업과 조율을 위한 커뮤니케이션 역량이 매우 중요합니다.

고객 중심이라는 게 무엇일까요? 너무 어려운 말인 것 같습니다.
네, 매우 어려운 질문입니다. 요즘은 고객 중심을 말하지 않는 사람은 없다고 생각합니다. 하지만 가만히 들어보면 고객 중심이 아닌 다들 "내가 사용해 봐서 아는데" 라고 하며 자기중심으로 이야기를 합니다. 고객 중심이 아니라 "내가 이거 써 봤어" 하면서 자신의 주장을 잘 굽히지 않습니다. 이것은 자신의 경험이지 고객의 경험이 아닙니다. 맹그로브는 2030을 중심으로 사업을 하고 있는데, 저의 20대

mangrove

자기다운 모습으로 살아가는 사람들이 많아질수록
건강한 사회가 만들어 진다고 믿습니다.
맹그로브는 나다움을 가진 멤버들이 조화롭게 사는 집입니다.
긍정적인 영향을 주고 받으며 넓은 시야와 사려깊은 마음을 가진 성숙한
개인으로 성장하길 지지합니다.

출처:mangrove.city

30대 시절과 지금은 굉장히 다릅니다. 이런 인식을 갖고 내가 바라보는 것이 고객 관점이 아니라는 것을 알고 스스로를 객관화할 수 있는 능력이 있어야 한다고 생각합니다. 내 경험이 아니라 지금 고객은 이걸 어떻게 볼지 고민하고, 더 나아가 정말로 우리가 타깃으로 잡을 고객이 이들이 맞는가부터 다시 생각해 봐야 합니다. 이런 것들이 정해졌다 하더라도 사람들의 데이터 중에 어떤 데이터에 우리는 더 가중치를 두고 볼 것이냐까지 생각해야 합니다. 고객중심이 말은 쉽지만, 사람은 쉽게 자기 객관화가 안되기 때문에 정말 어려운 일입니다. 사업은 매 순간 의사결정을 하는데, 자신의 경험을 기반으로 나는 이게 좋아, 나는 이게 별로야라고 하며 좋은 의사결정을 하기 어렵습니다. 그래서 린(lean)프로세스를 진행해보면서 내 생각이 아니라 실제 고객들은 어떻게 생각하는지를 빠르게 반복하는 것이 핵심인 것 같습니다.

새로운 관점을 계속 갖기 위해서 두었던 습관이나 노력이 있으신가요?

저는 늘 당연한 것들을 의심하려고 합니다. 같이 일하는 팀에게도 이 부분을 강조합니다. 고정관념과 선입견과의 싸움입니다. 다르게 생각하는 의식적인 노력이 없다면, 새로운 것을 상상하기 어렵습니다. 과거의 정답을 가장 경계해야 합니다. 항상 지금이 최선인지, 왜 그동안 우리는 이런 방식이 최선이라고 생각해왔는지 같이 본질에 다가가기 위해 계속 질문하는 것이 디자인이 아닐까 생각합니다.

제가 많이 예를 드는 것이 있습니다. 의자라는 물건은 등받이와 받침, 그리고 다리 4개로 구성된 전형적인 모습을 당연하게 받아들입니다만, 의자는 다리가 4개여야 할 이유가 없습니다. 의자라는 것은 기대어 앉을 수 있는 것이면 된다고 생각합니다. 그렇다면 스티로폼도 의자가 될 수 있습니다. 우리는 의자라고 하면 다리가 4개고, 차하면 바퀴가 4개인 것을 너무 당연하게 여깁니다. 하지만 디자이너라면,

또는 디자이너 이외에도 새로운 관점을 갖기 위해서는 때로는 멍청해 보일 수 있는 질문들을 던질 줄 알아야 한다고 생각합니다. 의자의 다리는 왜 네 개지? 이런 질문들을요.

새로운 관점도 좋지만 고객들은 익숙한 것에서 벗어나게 되면 반발심을 갖는 것 같습니다. 이런 상황이 발생한다면 계속 반발심이 나타나더라도 변화를 리드를 해야하는 것지, 아니면 숨겨진 니즈를 발견하려고 해야하는지 궁금합니다.

혁신적인 상품이 시장에서 다 성공하지 않습니다. 아주 뛰어난 혁신이 성공하는 경우는 시류를 잘 만났을 때라고 생각합니다. 사람들이 풀리지 않는 갈증이 계속 있었는데 이 갈증이 목까지 차올랐을 때 누군가가 혁신적인 제품을 확 출시한다면 이게 터지는 것 같습니다. 하지만 사람들의 갈증이 없는 상태에서 무언가가 나온다면 그것이 혁신적이라고 해도 재밌네하고 잊어버립니다. 결국 사업의 성공은 타이밍이라고 생각합니다. 아주 높은 퀄리티를 추구해야 하는 게 실제 성공으로 연결되는 경우가 있지만, 너무 앞서가서 다른 것을 놓치는 경우가 많다고 생각합니다. 사업이 계획대로 안 되는 이유는 적절한 시대 흐름과 운이 맞아야 되기 때문이라고 생각합니다. 한 발 앞서갈 것이냐 반발 앞서갈 것이냐. 소비자들이 수용할 수 있는 만큼의 혁신이냐에 대한 수많은 선택지들 속에서 우리들은 선택해야 합니다.

선택 뒤에는 운도 작용해야 하고, 시대적인 흐름도 맞아야 하니 하나의 관점만으로 성공을 하기는 어렵다고 생각합니다. 즉 관점과 니즈 둘다를 가져가야 한다고 생각하고 있습니다. 저희가 코리빙이라는 개념을 만약 5년 전에 이야기를 했다면, 그 당시에는 안 통했을 수도 있습니다. 작년에 코로나를 겪으면서 재택근무를 하게 되자 집에서 일을 해야 했고, 카페도 가지 못하는 상황이 지속되자 불편함이 계속 차올랐다고 생각합니다. 이런 시기에 저희는 코리빙이라는 개념을 잘 구축하여 전달했고 이것이 공감대를 만들었다고 먹혔다고 생각합니다. 주거 공간이지만 같이 일 할 수 있는 곳이 있고. 집안에서 슬리퍼를 신고 내려와서 바로 일을 할 수 있게 되니 이런 서비스가 주는 삶의 가치가 확 높아졌습니다. 코로나로 인한 환경의 변화는 위기이자 새로운 기회가 되기도 합니다. 하지만 코로나와 같은 환경의 변화는 우리가 예측할 수가 없습니다. 그렇지만 이런 변화 속에서 힌트를 얻어서 고객에게 전달할 메시지를 만드는 것이 중요하다고 생각합니다.

CXO님 만의 차별화가 무엇인가요?

저의 차별화가 무엇일까요. 하하하. 저는 다양한 업종에서 다양한 경험을 했던 것이 저에겐 큰 힘이었던 것 같습니다. 다양한 사람들과 다양한 생각을 나누어봤던 경험을 통해 적절한 균형을 유지할 수 있는 능력이 저의 차별화가 아닐까 생각합니다. 산업 디자인을 전공했기 때문에 심미적이고 창의적인 가치를 중요하게 여기면서도 너무 앞서가고 강렬한 이미지를 주는 디자인이 가진 위험부담도 잘 알고 있습니다. 실제로 모든 소비자들이 전문 디자이너 만큼 동일한 해상도를 가지고 있지 않아요. HD급 디스플레이에 8K로 찍은 영상을 충분히 표현할 수 없습니다. 해상도를 올려서 8K 찍고 디테일을 잡아야 한다고 말하지만 고객이 모두 똑같이 느끼지 않습니다.

고객들이 중요하게 생각하지 않는 것에 에너지를 너무 쏟아버려서 가격이 올라가거나 타이밍을 놓쳐버리는 경우가 실제 실무에서 많이 발생하는 것을 목격했습니다. 오히려 어떤 상품을 만들고 어떤 서비스를 만드느냐가 역으로 디자인에서 가장 중요하다고 생각합니다.

그렇다면 C레벨의 디자이너로써 봤을 때 스타트업을 성공적으로 이끌기 위해 디자이너는 어떤 능력을 키워야할까요?

좋은 디자이너는 문제의 본질을 꿰뚫는 디자이너라고 생각합니다. 문제에 대한 해결책도 남들과 다른 방식으로 만들어 내야 합니다. 문제의 본질을 계속 질문해서 파악하고 이 문제의 본질은 무엇이다라고 문제를 다시 정의할 수 있는 능력을 가져야 합니다. 그리고 현상을 인식해서 남들이 문제라고 생각하지 않는 걸 볼 수 있는 능력을 가져야 합니다. 어떤 문제를 표면적으로만 바라보면 표면적으로 해결하려 할 수밖에 없습니다. 하지만 이런 문제가 발생하는 원인은 어쩌면 다른 곳에 있진 않을까 생각하고 파고들어 더 현명한 방식을 찾아내는 능력이 더욱더 필요해지는 세상이라고 생각합니다. 디자이너들은 이렇게 사고하는 훈련을 받으며 자라기에 좀 더 참신한 해결책을 낼 수 있다고 생각하고 이게 디자이너의 역할인 것 같습니다. 그게 왜 디자이너만의 역할이야?라고 말할지도 모르겠습니다. 디자이너를 단지 그림을 그리는 스킬을 배운 사람이라고 많은 분들이 착각하는데 단지 그림을 잘 그리는 사람을 디자이너를 말하는 게 아닙니다. 좀 더 고객의 입장에서 제품이든 서비스든 다양한 것들을 문제를 해결하는 방식으로 학부 때부터 교육을 받기 때문에 이런 프로세스가 배양된 디자이너들을 말한다고 이해해주시면 좋겠습니다. 사회 문제를 푸는 창업가로서 문제의 본질을 찾고 풀어내는 과정에서의 해답을 남과 다른 방식으로 낼 수 있다면 다른 학문을 전공했어도 좋은 디자이너가 될 수 있다고 생각합니다.

지금까지 C레벨로 참여하면서 조금이라도 빨리 알았다면 좋았을 것 같다하는 것이 있을까요?

당연한 이야기지만 조직은 나 혼자가 아닌 여러 사람들과 함께 하는 것입니다. 하지만 이게 정말 어렵습니다. 호흡을 맞추는 사람들이 함께 하는 명분과 동기도 다 있어야 하고, 이들이 한 방향으로 갈 수 있도록 사람들을 이끄는 능력도 중요합니다. 그중에서 제가 생각하는 중요한 리더의 덕목은 팀원을 믿고 맡겨주는 것이라고 생각합니다. 대표 또는 책임자자로 직접 뽑은 팀원들과 일을 하다 보면 디테일한 것들이 눈에 너무 잘 보입니다.

"아. 이건 이렇게 하면 안 되는데" 하면서 디테일한 것들을 잘 아는 리더들은 팀원들이 놓치는 것들, 부족한 것들을 보면 잘 못 참는 경우가 있습니다. 그래서 디자이너의 경우 너무 디테일한 것들을 컨트롤하려다 보니 모든 게 다 아쉬워 보이게 됩니다. 하지만 내가 잘할 수 있는 건 내가 하고, 맡겨야 하는 건 맡기고, 내가 모르는 영역은 다른 팀원을 확실하게 의지해야 한다는 것을 저 역시 회사를 함께 운영해나가면서 배웠습니다. 의사결정을 진행할 때 개인적으로 동의하진 않더라도 자신이 전문성이 없는 영역이라면 그 팀원의 생각과 결정을 믿어줘야 한다고 생각합니다. 그래서 요즘의 저는 나보다 더 똑똑한 팀원들을 뽑으려고 하고 그렇게 함께 하게 된 그들에게 더 많은 기회와 동기부여를 해주는 것이 중요하다고 느끼고 있습니다. 대표가 또는 공동 창업자들이 모든 부분에 손을 댈 수 없기 때문에 이런 마음가짐을 가져야 손을 안 대고 회사를 크게 키울 수 있는 좋은 방법이라고 말하고 싶습니다. 대부분의 창업자들은 초반에 많은 것들을 혼자 해야 하기 때문에 굉장히 많은 무게감을 느끼게 됩니다. 그래서 팀원이 생기거나 팀원이 있다면 자신의 무게를 잘 분배하는 것이 가장 중요하고 이게 팀을 이끄는 능력이라고 생각합니다.

물론 저 역시 믿을 수 있는 파트너를 만난다는 건 정말 운이 좋은 일이라고 생각합니다. 그래서 성공한 많은 분들이 팀이, 사람이 제일 중요하다고 말한다고 생각합니다. 요즘은 1인 기업 또는 프리랜서, N 잡러들이 당연해지는 세상이기 때문에 1인 기업 같은 경우야 스스로 혼자 다 할 수 있는 영역에서 그만큼의 영역만 일을 하면 됩니다. 하지만 결국 조직을 만들고 함께 일을 해야 한다면 결국 사람을 보는 능력을 길러야 한다고 생각합니다. 다양한 분야의 사람들을 만나고, 또 그 과정에서 어떤 사람이 나와 잘 맞을지 일을 잘한다는 것은 어떤 것인지를 볼 줄 알아야 합니다. 매 단계가 창업자에게는 고비지만, 초반의 고비를 넘게 되면 창업자는 팀원을 잘 선택하고 그들이 개개인이 아닌 팀으로 일하게 만들 수 있는 능력이 정말 너무 중요하다는 것을 느낍니다. 저 역시 이런 것을 조금 더 일찍 알았다면 하는 아쉬움이 있습니다. 물론 예전에도 이런 이야기들을 이론적으로는 알고 있었지만 실제로 체험해보니까 사람에 대한 문제가 제일 크다는 것을 체감하게 되었습니다.

CX,UX,이런 이야기들이 중요해지고 있습니다. CX 고객 경험이라는 것은 무엇일까요?

최근에 제가 어떤 것이 CX(고객 경험)인지, 우리는 고객 경험이라는 것을 정말 제대로 알고 있는지에 대해 논의를 한 적이 있습니다. 누구나 다 CX(고객 경험)를 이야기하지만 실제로 제대로 알기는 어렵다고 생각합니다. 예전에는 좋은 상품을 파는 것만으로도 경쟁력을 가질 수 있었습니다. 그러나 산업이 발전하면서 이제는 좋은 제품을 넘어서 경험을 파는 시대가 되어버렸고 이젠 그 경험을 어떻게 기획하느냐의 시대가 왔다고 생각합니다. 98년도에 CX라는 말이 처음 나왔습니다. 고객 경험에 대한 이야기가 나온지는 벌써 오래되었죠.

하지만 사람마다 어떤 것을 경험하는 건 같을 수가 없습니다. 경험은 상호작용을 통해 만들어지는 게 상황에 따라 의미가 달라지니까요. 예를 들어 두 사람이 똑같은 식당에 가서 밥을 먹었다고 해도 식당에서 느낀 경험, 맛, 분위기 이런 것들은 전부 다를 수 있습니다. 같은 식당이지만 좋아하는 사람과 데이트했을 경우와 직장 회식을 하러 갔을 경우를 따져봐도 경험은 정말 다를 것입니다. 고객 경험이라는 것은 정말 작은 요소들이 하나의 경험으로 만들어집니다. 그래서 고객 경험을 모두가 이야기하지만 그것을 기획하고 전달하기가 정말 어려운 것 같습니다.

CX, UI, UX라는 말을 많이 하는데 이것들은 범위의 차이가 있습니다. CX는 UI, UX를 포함하는 총체적인 것이라고 생각합니다. 모두에게 어떻게 좋은 경험을 줄 수 있을까?를 고민해야 하는 시대라고 생각합니다. 정말 어려운 숙제이긴 하지만, 사람들이 상품을 접하고 경험하는 과정들을 논리적으로 따져보고 분석해서 불편함을 계속적으로 개선해 나아가는 것밖에는 방법이 없다고 생각합니다. 맹그로브도 고객들이 실제로 공간을 어떻게 쓰는지 피드백을 정말 많이 모으고, 이렇게 모인 데이터를 가지고 개선해 나가고 있습니다. 그러는 과정에서 " 어! 이건 우리가 의도한 대로 쓰네?" "어! 이건 우리가 의도한 것과 반대로 쓰네?"라는 것을 지속적으로 모으고 개선합니다. 고객은 우리가 물어보지 않으면 불만을 이야기하지 않으니까요. 고객 경험을 다룬다는 것은 험난한 과정이기에 결국 창업자들은 좋은 고객 경험을 만들어 내기 위해서는 하나의 질문으로 돌아가는 것 같습니다. 우리는 어떤 마음으로 이 사업을 하고 있는가?라는 질문입니다. 우리의 브랜드를 어떻게 해야 있어 보이고 좋아 보이게 만드는 문제로 접근하면 안 되는 것 같습니다. 보이는 것도 중요하지만 결국 좋은 고객 경험은 브랜드를 이끌고 만들어가는 사람들이 어떤 마음으로 이 사업을 하고 있는지와 가장 밀접하게 맞닿아 있다고 생각합니다.

이런 마음이 고객에 가 드러나는 것이 좋은 브랜딩이기도 하고요. 결국 진정성의 이야기가 되겠네요. 진정성을 일관되게 가져가고 이것을 흐트리뜨리지 않게 지속해야 하는 것 같습니다. 결국 모든 사업은 내가 고객에게 주고자 하는 것을 특정 상품이나 서비스에 담는 것이라고 말하고 싶습니다. 그 진심이 사업이 되어야 고객을 움직이고 가치를 전해 줄 수 있다고 생각합니다.

출처:mangrove.city

DIRECTION X ATTITUDE
Moon
모온

모온은 일상이 특별해지고
즐거운 하루가 될 수 있는 디자인을 생각합니다.

Mo oN

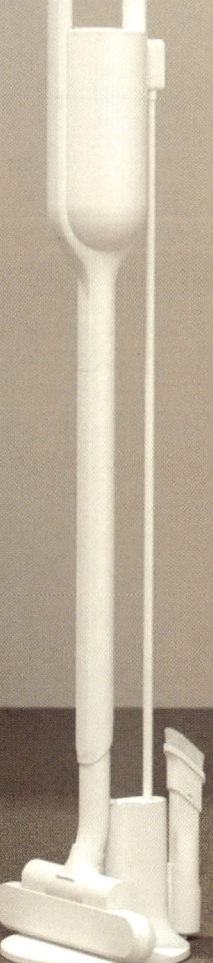

출처: mo-on.co.kr

Moon

문재화 CEO

"

스타트업을 제대로 하려면
알찬 경험을 해야 합니다.

작지만 알찬 경험을 하고 허황된 꿈을 잡기보다는
성취를 이루는 과정을 가지라고 말합니다.

"

나만의 브랜드를 만들어야 겠다고 생각한 계기가 있으신가요 ?

저는 홍대 97학번입니다. 그때 당시에는 조교실에 가면 외주 아르바이트가 엄청 많았어요. 인터넷도 잘 안될 때였고 중소업체들이 디자인을 하고 싶은데 에이전시도 많이 없어서 대학교 조교실에 문의를 했었거든요. 그래서 조교실에 가면 디자인의 종류와 금액이 적힌 리스트가 있었어요. 이런 아르바이트가 굉장히 많았기 때문에 학교 수업 외에도 이런 외주 아르바이트를 하면서 다양한 경험을 많이 했고 많이 배웠습니다. 하지만 이렇게 디자인 외주를 많이 하다 보니 디자인을 금액으로 보고 있더라고요. 이 디자인은 300만원짜리 디자인, 이 디자인은 100만원짜리 디자인, 이 디자인은 500만원짜리 디자인 이렇게 생각하고 있다는 것을 알았습니다. 마침 그때 제가 디자인해줬던 회사가 망했다는 소식을 듣게 되었어요.

이런 일이 생기자 "내가 디자인을 왜 하고 있지?"라는 생각을 하기 시작했습니다. 고민을 할 무렵 마침 800만원짜리의 아르바이트가 들어왔고 제가 그 일을 하게 되었어요. 처음으로 일을 맡은 회사의 대표님을 만나러 갔는데 행색이 굉장히 초라한 대표 두 분이 나오셨습니다. 저를 좋은 음식점에 데려가시고는 대표님 두 분이 저의 손을 꼭 잡으시면서 부탁을 하셨어요. 이번에 망하면 사업을 접어야 하는데 정말 마지막이다라는 심정으로 투자하는 것이라고. 그때 처음으로 정말 이 분들이 잘되었으면 좋겠다는 진심어린 마음으로 디자인 시작하게 됐어요. 제가 복수 전공을 하면서 경영학과에서 알았던 모든 지식을 총동원했습니다. 가격 분석, 경쟁사 분석, 법률 분석까지 할 수 있는 모든 것을 다 했던 것 같아요. 목업을 만들 비용도 없으셔서 제가 학교에서 목업을 뽑고 구조도를 분석하고 공대에 가서 친구에게 부탁해서 해석도 해달라고 하고 금형 구조를 몰라서 찾아가서 배우면서 그렇게 정말 진심을 다해서 디자인을 해드렸어요. 공장도 가서 아주머니분들도 만나고 거의 동고동락을 하면서요. 그렇게 해드린 제품이 출시가 되었는데 출시가 되자마자 6개월 만에 1등을 하고 연매출을 100억을 찍으면서 완전 상황이 역전이 되어버렸습니다. 일이 끝나고 회식을 하신다고 하셔서 제가 그 자리에 갔는데 일하시는 아주머니들이 저의 손을 잡고 우셨어요. 이제 회사가 망해서 일자리가 없어질 거라고 생각했는데, 덕분에 보너스까지 받았다면서 저에게 거듭 고맙다고 말씀해주셨습니다. 그 경험이 저의 관점을 완전히 바꿔주는 경험이 되던 것 같아요.

학생 때는 예쁘게 만드는 것이 디자인인 줄 알았습니다. 그런데 그때서야 디자이너가 가치 있는 일을 할 수 있다는 것을 알게 되었고 지금 와서 돌아보면 그때 제가 해드렸던 게 컨설팅이었구나라는 생각을 합니다. 그런 일이 있고 나서 홍대를 졸업하면서 삼성에 입사를 할 수 있게 되었는데 아버지께 바로 사업을 시작하겠다고 말했다가 혼이 났지요. 큰 기업에 가서 제대로 일을 배운 다음에 시작하라고 하셨거든요. 그래서 저는 삼성에 입사하면서 대기업의 시스템을 경험하고 더 좋은 마음가짐을 갖고 내 사업을 해야겠다는 생각을 했습니다.

대표님의 마음가짐이 너무 멋지신것 같습니다. 창업가가 가져야할 마음가짐에 대해 해주고 싶은 말씀이 있을까요?

직장생활을 하는 후배들에게 항상 이런 얘기를 합니다. "직장생활을 할 때 나중에 배워서 내 사업을 하겠다는 마인드로 해라". 이런 마음을 가지면 회사에서 배우는 모든 게 다 경험이 되고 수업이 됩니다. 업체를 만나러 가도 그분들의 정보와 그분들의 이야기, 명함까지 전부 다 저에게 수업이 되거든요. 저는 이런 마음가짐을 갖고 삼성에서 9년 동안 일을 했습니다. 삼성에서 신사업부서를 시작한다고 해서 자진해서 그쪽 부서로 옮긴다고 했습니다. 저는 나중에 컨설팅 사업을 하고 싶었기 때문에 다양한 일을 배울 수 있는 기회라고 생각을 했고 그래서 옮기고 싶었습니다. 그때 디자이너 파트의 임원분들이 만류를 했던 것 같습니다. 제가 신입사원부터 울트라에디션을 할 정도로 회사에서 저를 밀어주고 있었는데 부서를 옮긴다는 건 전혀 다른 곳에서 새롭게 커리어를 쌓는 것과 같았거든요. 하지만 저는 저의 사업을 하는 것이 목표였기 때문에 과감히 부서를 옮겼습니다. 물론 다들 이런 저를 이해하지 못했죠. 부서를 옮기고 나서 정말 많은 것을 배웠습니다. 회사 M&A를 어떻게 하고 기업분석을 어떻게 하고 인큐베이팅은 또 어떻게 하는지 전체적인 과정을 전부 다 배웠던 것 같습니다.

그렇게 기업의 탄생부터 합병까지 모든 과정을 경험한 다음에 퇴사를 했습니다. 퇴사할 때쯤이 되니 같이 일했던 동료들과는 비교도 안될 만큼의 많은 경험치가 쌓여있었습니다. 지금 현재 함께 일하시는 파트너분들도 직장을 다니면서 만난 사람들입니다. 또 사업을 진행하면서 모르는 부분이 있으면 그때 만나게 된 분들에게 조언을 구하곤 합니다. 저는 다양한 경험을 했기 때문에 틀리지 않는 의사결정을 할 수 있게 되었다고 생각합니다. 일반적인 디자인 프로세스만 알고 있으면 사업을 하는데 많은 어려움이 있습니다. 그래서 다양한 경험이 필요합니다. 디자이닝이라는 것은 실제 사업의 영역에서 많은 퍼센트를 차지하진 않는 것 같습니다. 굉장히 중요한 요소긴 하지만 전체 비즈니스에서는 중요도가 낮습니다. 디자이너라는 것이 사업을 시작할 때 굉장한 이점을 가진 것은 맞지만 디자이닝 이외의 경험들을 어떻게 채울 것인가가 더 관건이라고 생각합니다.

모온을 만들고 운영하는 과정에서 기억에 남는 대표님만의 에피소드가 있다면 어떤 게 있을까요?

저는 삼성을 나오고 사업을 사업 답게 해야겠다고 생각해서 MBA에 들어갔습니다. 많은 MBA가 있지만 그중 중견 기업 대표들만 들어올 수 있는 숭실대 MBA에 우여곡절 끝에 진학을 했습니다. 그곳에서 다양한 이력을 가진 사람들을 만났고 졸업을 하고 나서도 동문회 사무총장을 3년 동안 하였습니다. 사무총장을 하면서 선배들에게 연락을 드려 직접 뵙기도 하고 친분을 쌓으면서 선배님들에게 많은 것들을 배울 수 있었습니다. 지금도 제가 중요한 의사결정을 해야 할 때 여쭤볼 수 있는 회장님들이 몇 분 계십니다. 이 분들을 만나면서 큰 변화를 느꼈던 계기가 있습니다. 제가 모온을 만들고 다양한 아이템들을 많이 했었습니다. 그리고 컨설팅 일이 잘되고 있었을 때였고 직원도 10명이 넘었습니다. 그때 아시는 회장님이 제가 하는 건 사업이 아니라 장사라고 말씀하셨습니다. 사업은 다른 사람의 돈을 빌려서 제가 하고 싶은 걸 제대로 만들고 투자해준 사람들에게 이자와 원금을 몇 배로 돌려주고 저 역시 큰돈을 버는 것이 사업이라고 말씀하셨습니다. 컨설팅을 하면 디자인 비용을 약간 들인 인건비 밖에 벌지 못합니다. 들인 시간과 노력 대비 돈을 버는 것이었죠. 그때의 저는 사업가의 마인드가 아니었다는 걸 깨달았습니다. 그 뒤로 사업을 제대로 해보자는 생각으로 신용보증기금과 기술보증기금에서 투자자금을 받아 10억 정도를 가지고 사업을 시작했습니다. 10억을 가지고 제대로 된 인력과 제대로 된 운영 제대로 된 업체와 함께 일을 하기 시작했습니다. 그동안에 다양한 제품들을 만들었고 많이 팔리긴 했지만 인건비를 빼면 이익이 없었습니다. 그래서 그것들을 다 버렸습니다. 아마 사업을 사업답게라는 생각을 갖게 된 계기는 이때였던 것 같습니다.

출처: mo-on.co.kr

사업을 성공시키기 위해서는 어떤 것을 중요하게 바라봐야할까요 ?

제가 대학원 과정에서 제일 재미있게 들었던 수업은 외식경영학 수업이었습니다. 계절밥상을 성공시킨 노희영이라는 분이 특강 강사로 오셨었습니다. 이 분의 강의의 핵심은 사람만 본다는 것이었습니다. 사람들의 생각의 패턴을 조사하고 그들만의 방식으로 분석하는 것을 보면서 지금까지 했던 기술 중심의 리서치들은 허탕이었다는 것을 깨달았습니다. 사람들은 어떤 음식을 먹고 어디를 가는지부터, 자세하게는 영화를 보고 밥을 먹는지, 밥을 먹고 커피를 먹는지, 왜 잠실이라는 곳은 3명이 먹는 게 많이 팔리고, 다른 지역은 왜 2명이 먹는 게 많이 팔리는지와 같이 사람을 중심으로 새롭게 판을 짜는 능력을 가져야 한다는 것을 배웠습니다. 사람들은 어떤 가치 기준을 갖고 있으며 어디에 돈을 쓰고, 계절별로 어떻게 소비 패턴이 바뀌는지처럼 이런 관점을 한 번도 가져본 적이 없었거든요. 저는 돈과 기술만 보고 있었다는 것을 깨달았습니다.

그 뒤로 아무리 정량적인 수치가 매력적이어도 감성적으로 어필이 되지 않는다면 그 아이템은 과감하게 버리게 되었습니다. 사람들은 단순히 이성적인 판단으로만 소비하고 움직이지 않으니까요. 기술로 사람을 현혹 시킬 수 있는 시점은 이미 지났습니다. 이제는 공감 능력이 더 중요합니다. 현 정부에서는 AI, 빅데이터 이야기를 많이 합니다. 저는 AI 역시 하나의 도구라고 생각합니다. AI 기술은 새로운 비즈니스 영역을 찾아내기 위한 하나의 툴이라고 생각합니다. AI 기술 자체가 중요한 게 아닙니다. 결국 이것을 통해 데이터를 모아 그것을 의미 있게 분석하여 소비자들이 원하는 감성과 욕구를 충족시켜주는 것이 중요합니다. 기술과 사람을 연결시켜주는 것이 앞으로 더욱 더 중요해질 것이라고 생각합니다.

사업을 잘하기 위해서는 어떤 능력을 길러야할까요?

사업가는 숫자를 잘 볼 줄 알아야 합니다. 가치와 감성들도 중요하지만 시장은 이런 것들에 그렇게 쉽게 반응하지 않습니다. 비즈니스는 자선 사업이 아니기 때문에 결국 수익이라는 것이 나와야 합니다. 나중에 숫자가 나오겠지라는 생각을 가지고 사업을 하면 절대 안 된다고 생각합니다. IT기업의 경우는 가능한 경우도 있겠지만, 저와 같은 하드웨어 산업 쪽은 쉽지가 않습니다. 앱은 버전 업이 쉽게 쉽게 계속될 수 있지만, 하드웨어는 제품을 새로 만들려면 많은 돈이 들어갑니다. 내가 돈을 벌어야 할 시점에 숫자가 안 보이면 판을 다시 설계해야 합니다. 이 판을 짜려면 숫자를 볼 줄 알아야 하는데 초반에 스타트업 대표들은 이런 숫자를 잘 보지 못하기 때문에 사업의 전략이 엉성한 경우가 많습니다. 언제 투자를 해야 하고 언제 돈을 벌어야 하는지에 대한 시점이 사업 계획에 들어 있지 않은 경우가 많습니다. 좋은 서비스를 만들고 좋은 제품을 만들면 되겠지라는 막연한 생각을 가지면 안 된다고 생각하는데 많은 창업가들이 이렇게 생각을 합니다.

시간이 지나면 모든 비즈니스는 경쟁이 치열해지기 때문에 내가 벌 수 있는 이익이 작아집니다. 어쩌면 제일 좋은 시기는 지금 시점일 때가 많습니다. 이미 좋은 시장에서 사업을 하겠다고 하면 경쟁은 더 치열해지기 때문에 전략을 더 치밀하게 짜야합니다. 내가 계획했던 시점에 서비스를 만들어내지 못하면 나의 계획은 전부 달라져 버리기 쉽습니다. 그렇기 때문에 사업에서는 시간을 돈으로 계산해서 숫자로 보지 못하고 있다면 이건 잘못된 일입니다. 다양한 기업의 컨설팅을 진행하면서 느낀 것은 기업들이 ROI를 계산할 때 꼭 넣어야 하는 수치들이 있는데 이것들이 비어있는 경우가 많습니다. 컨설팅 시 가져오는 기업들의 ROI들을 보면 기업의 계산이 현재 계산해 놓은 것보다 2배 3배 이상의 비용이 필요해 보이는 경우가 많습니다. 대표는 사업을 하는 데 들어가는 비용이 적기를 바라는 마음이 큰 것 같습니다. AS비용, 물류비용, 창고 비용, 특허 유지비, 고정비용부터 대표자의 인건비까지 사업에 들어가는 비용에 대한 계산을 하지 않고 오시는 분들이 많습니다. 이러면 물건을 팔아도 적자가 나기 시작합니다. 특히 디자이너 출신들은 상대적으로 숫자에 약하기 때문에 사업을 하고 운영하는데 큰 리스크를 갖고 있습니다. 시장에 한 번 잘못된 가격으로 들어가면 회복하기가 어렵거든요.

또한 돈에 대한 정의를 잘해야 합니다. 사업가들이 잘못 판단하는 것 중에 돈이 있습니다. 내가 개인적으로 물건을 사고파는 과정에서 사용하는 돈이 아닌 기차가 멈추지 않고 계속 달릴 수 있도록 하는 엔진, 석탄과 같은 것이 돈이라고 생각합니다. 사업가에게 돈은 기차가 달릴 수 있게 만드는 석탄입니다. 기차가 멈추지 않고 달릴 만큼 필요한 것이 돈의 다른 개념이라고 봅니다. 고정지출 비용은 돈이 아닙니다. 이것은 당연하게 있어야 하는 것입니다. 매출이 100억이 나온다고 해도 그것이 다 우리 돈이 아닌 것처럼 그중에서 우리에게 필요한 돈은 어떤 것인지 또 얼마만큼인지에 대한 고민을 하고 그것을 다시 정의해놔야 합니다. 내가 운영할 수 있는 부분이 어느 정도 인지 이익의 몇 퍼센트를 재투자하고 어떻게 회사 안에서 사용해야 하는지를 고민해야 합니다.

대표님만의 경쟁력을 어떻게 쌓으셨나요 ?

저희 경쟁력은 다양한 경험에서 나오는 폭넓은 관점이라고 생각합니다. 여전히 저는 다양한 경험을 쌓기 위해 다양한 업체의 컨설팅을 해드립니다. 하드웨어부터 플랫폼, 웨어러블부터 자율주행까지 업체를 가리지 않습니다. 지금의 제가 어떤 아이템도 겁내지 않고 컨설팅을 할 수 있게 된 것은 폭넓은 경험이 있기에 가능하다고 생각합니다.

다양한 업체를 진행하면서 참 재미있는 사실이 하나 있습니다. 어떤 영역에서는 기술이 엄청 고도화되어있는데, 어떤 영역에서는 기술의 발전이 너무 낮다는 것을 알게 됩니다. 다른 이종 간의 영역의 융합이 잘 되어있지 않습니다. 그렇기 때문에 다양한 업체를 컨설팅하다 보니 이런 걸 이렇게 융합하면 좋겠는데? 하는 넓은 견해가 생깁니다. 그래서 저는 비슷한 프로젝트가 들어오면 하지 않습니다. 항상 새로운 관점이 생기는 일을 합니다. 제가 이렇게 계속 새로운 영역의 업체들과 일을 하다 보니 하던 분야의 컨설팅을 계속하면 편할 텐데 왜 계속 새로운 분석을 하냐고 후배들이 자주 묻습니다. 하지만 저는 이런 경험이 역시 저를 성장시켜줄 것이라고 믿기에 이렇게 진행하고 있습니다.

모온의 청소기는 어떻게 만들어지게 되었나요?

하나의 비즈니스가 완성되기 위해서는 많은 퍼즐이 필요합니다. 성공적인 비즈니스가 나오기 위해서는 몇 백 개, 몇 백만 개의 퍼즐이 필요합니다. 이미 맞춰진 몇 만 개의 퍼즐이 있고 몇 개의 퍼즐을 내가 맞춰서 완성시키는 게 사업이라고 생각합니다. 사업을 시작할 때 내가 진입하려는 시장과, 아이템이 몇 개의 퍼즐을 맞춰야 하는지 고민해야 합니다. 몇 만 개의 퍼즐을 맞춰서 성공해야 지하면 스타트업이 시장에서 성공하기 힘듭니다. 모온의 아이템을 청소기로 정한 이유도 이와 같습니다. 시장 조사를 하면서 키워드와 검색 그리고 랭킹을 엄청 찾아봤습니다. 가전제품 중에서 시장 성장률이 유일하게 높았던 게 청소기였습니다. 배터리가 싸지고 모터 성능이 좋아지면서 그 당시 무선 청소기의 성장률이 40% 정도 되었습니다. 그때 이미 국내 판매 대수가 200만 대를 넘어섰었습니다. 이건 엄청난 수치였고 저희가 청소기를 해야 하는 명확한 이유가 되어 주었습니다.

출처: mo-on.co.kr

경쟁사를 분석했을 때 이 시장에서 1위를 하고 있는 업체보다 우리가 못할 것 같지 않았습니다. 그래서 판을 짜기 시작했습니다. 그리고 친한 분이 청소기 쪽 외주업체에서 1등이셨는데, 이 분이 하지 않겠다고 하면 청소기 아이템을 하지 않기로 마음을 먹었었습니다. 퍼즐을 맞춘 거죠. 이 업체와 했을 때 위험부담이 90%는 줄 것이라고 판단을 하였고 준비를 다 한 다음에 찾아가서 설득을 하였습니다. 그 분이 디자인과 가능성을 보고 함께 하기로 결정을 해주셨고 그렇게 지금의 모온 청소기가 나왔습니다.

모온만의 사업적인 팁이 있다면 무엇일까요?

내가 어떤 아이템을 고를 때 괜찮은 아이템이냐라는 기준도 본인이 어떤 철학을 갖고 있는지에 따라 판단이 됩니다. 나의 아이템과 관련된 기술과 특허, 경쟁사 분석은 당연히 해야 하고 그 이외에도 내가 할 수 있는 건 전부 다 해야 합니다. 단순히 조사를 할 때는 아이디어가 쉽게 나오지 않습니다. 조사를 하다 보면 다른 영역이지만 사로 비슷한 것 같은 것들을 발견합니다. 그러면 이에 대한 조사를 시작합니다. 예를 들어 아이템이 어린이와 관련된 것이라면 노인 시장과 애견 시장에 대한 조사를 진행합니다. 여기서는 이게 히트를 쳤고 여기에서는 이런 기술이 있구나라는 정보를 많이 모읍니다. 이 과정에서 정말 많은 시간과 노력이 투입되지만 이 과정에서 상상할 수 있는 새로운 조합들이 많이 생깁니다. 이러한 관점은 삼성을 다닐 때 배웠습니다. 제가 삼성 신사업 부서에서 정말 많은 특허 분석과 기술에 대한 시장성을 검토했었습니다. 세계 각지에서 삼성으로 기술을 팔러 왔는데, 저는 이 기술을 사야 하는지 판단하는 과정을 경험했었습니다. 그 당시 하버드 MBA 부터 정말 화려한 경력을 가진 분들과 함께 일을 했습니다. 보통 삼성으로 기술을 팔려고 들고 오는 전 세계의 수많은 기업들은 자신들이 가진 기술의 유용성만 강조해서 말합니다. 하지만 대부분 이 기술이 어떤 가치가 있고 이 기술이 어떤 비즈니스로 발전할지에 대한 상상력은 부족합니다. 디자이너 출신이었던 저는 그분들과는 조금 다른 관점으로 기술을 바라봤습니다. 융합의 관점으로 다양한 산업을 바라보며 다양한 상상을 했던 것 같습니다. 기술의 수준이 높다고 무조건 좋은 게 아니거든요. 시장이 받아들일 준비가 되어 있어야 합니다. 대부분 기술의 난이도가 너무 높아 독이 되는 경우도 많았습니다. 이런 것들을 총체적으로 계산하여 볼 수 있는 능력이 디자이너가 가진 능력이 아닐까 생각합니다. 이때 가진 관점은 지금 회사에도 적용이 됩니다. 그래서 컨설팅을 할 때 늘 말씀드리는 것은 저는 관점을 디자인합니다라고 말합니다. 창업가는 관점을 디자인할 줄 알아야 한다고 생각합니다.

모온은 어떤 가치를 가장 중요하게 생각하는지 궁금합니다.
어떤 의사 결정을 할 때는 언제나 투표를 합니다. 대표인 저도 똑같이 한 표입니다. 저는 저의 표가 들어가서 결정되는 것을 별로 좋게 생각하지 않습니다. 논리보다 감각에 의한 선택을 더 존중하는 편입니다. 의사결정 과정에서 제일 중요한 것은 모온다운 것이냐?라는 질문을 충족시키는 선택을 합니다. 모온다운 것이란 가치 있는 것을 말합니다. 제품의 선택의 절대적인 기준은 시간이 지나도 변하지 않고 지속가능한 것입니다. 제가 삼성에서 혼을 갈아 넣어 핸드폰을 디자인하였는데, 어느 날 휴게소에 있는 폐휴대폰 통에 제가 디자인한 핸드폰이 들어있었습니다. 그곳에는 많은 핸드폰이 쌓여있었는데 아이들이 그걸 꺼내서 딱지치기를 하고 있었습니다. 결국 기술에 종속되어 있던 아이템은 시대가 변하면 사라진다는 것을 알았습니다. 그 뒤로는 내 자식이 쓰고 내 자식의 손주도 쓰는 아이템을 만들려고 하고 있습니다.

대표는 역할이 한 두개가 아닌 것 같습니다. 어느정도로 전체 프로세스에 관여를 해야할까요?

제가 삼성에 있을 때의 경험을 얘기해드리고 싶습니다. 삼성뿐 아니라 보통 대기업에 있는 디자이너들의 경우 워낙 큰 프로세스의 한 파트를 맡게 되기 때문에 본인이 디자인 한 제품이 나와도 이 제품이 어떻게 나왔는지 알지 못합니다. 이런 과정에 관심을 갖기보다 단순히 거대한 톱니바퀴의 하나로써 그 역할을 충실하게 하면 되니까요. 실제로 모델링을 하고 데이터를 넘기고 나서 몇 달이 지난 뒤에 내가 만든 제품이 책상 위에 올라옵니다. 하지만 디자이너는 제품이 책상에 올라오기 전에 어떤 문제가 있었고, 시장에서는 어떤 반응이 있었는지 모릅니다. 나의 디자인이 이 세상에 어떤 영향을 끼쳤는지 대부분 모릅니다. 더 심각한 것은 제품의 원가도 모르고, 플라스틱이 어떤 종류가 쓰였는지도 모릅니다. 이런 상황임에도 불구하고 정작 디자이너는 이 제품을 내가 디자인했다고 생각합니다. 이런 상황에 익숙해지고 대기업을 퇴사하게 되면 그 디자이너는 아무것도 못하는 사람이 되어 있습니다.

디자이너뿐만 아니라 다른 직군도 마찬가지 일 것이라고 생각합니다. 나는 모르는 상태인데 자기가 알고 있는 상태라고 착각을 하니까요. 이 부분을 경계해야 합니다. 따라서 대표라면 초반에는 직접 모든 과정에서 깊숙이 들어가서 진행해봐야 합니다. 그래야만 퍼즐을 직접 쌀 수 있고 전략도 짤 수 있으니까요. 서비스나 제품이 나왔는데 대표가 이게 어떻게 나왔는지 모르면 안 됩니다. 이런 과정을 시행착오를 거치게 되면 나만의 관점과 나만의 방향성을 제안할 수 있게 될 거라고 생각합니다.

선배 창업가로써 후배 창업가에게 들려주고 싶은 조언이 있다면 무엇일까요?

비즈니스는 시간과의 싸움입니다. 외부의 변화에 회사가 굉장히 빠르게 대응해야 합니다. 그러나 정부에서 지원해주는 사업들에 너무 의존하다 보면 이런 감각을 잃어버릴 수 있습니다. 요즘은 정부에서 스타트업에 대한 지원 사업들이 굉장히 많고 잘되어 있다고 생각하지만, 이런 사업만을 쫓아가다 보면 실제 사업이 아닌 이론상 사업을 하는 창업자가 될 수 있습니다. 정부 지원을 현명하게 활용하는 것이 굉장히 중요하다고 생각합니다.

또, 대표는 의사 결정할 게 정말 많은데 정신이 없을 때는 잘못된 판단을 할 수 있기 때문에 항상 혼자 있을 때 조용히 검토할 시간을 가지려고 합니다. 그래서 저는 보통 직원들은 퇴근하고 나서 보통 새벽 1시 2시쯤 퇴근을 합니다. 주말에도 거의 나와있습니다. 이런 시간에 고민을 하고 의사결정을 합니다. 업무적으로 일들이 밀려있을 때는 실수를 많이 하기 때문에 의사결정을 해야 하는 사람이라면 누구든 고민하는 시간을 물리적으로 빼야 한다고 생각합니다.

저는 후배들에게 항상 레드 오션에 들어가서 돈을 벌어야 한다고 이야기 합니다. 블루오션에 들어가 큰 성공을 거둔 많은 스타트업들이 존재하지만 대부분은 미국에서 성공했습니다. 한국은 미국과는 토양이 달라서 블루오션에 무작정 뛰어들어 사업을 하는 것은 고려해봐야 한다고 현실적으로 조언을 많이 해줍니다. 퍼즐 조각이 많이 맞춰진 곳에서 몇 개의 퍼즐을 맞추는 것처럼, 이런 이유로 저는 레드 오션에서 사업을 해야 한다고 생각합니다. 시장 규모가 100억이면 아무리 블루오션이어도 거기서 50%를 점유해도 50 억밖에 가져올 수 없지만, 1000억 시장이라면 10%만 해도 100억을 가져올 수 있습니다. 그래서 시장 규모가 사업은 가장 중요합니다. 초반에 돈을 주고서라도 시장 규모를 알아야 합니다. 숫자가 너무 명확하고 매력적이면 사업을 꾸려가는 과정에서 방향성이 잡히고 흔들리는 게 적으니까요. 단순히 욕구를 따라서 사업을 하면 안 된다고 생각합니다. 그리고 공모전이나 지원 사업에 당선되기 위해서 사업계획서를 쓰다 보면 내가 감당하지 못할 목표와 비전을 만들게 되는 분들을 많이 봤습니다. 나의 능력과 함께할 파트너를 고려하면서 계획을 짜고 공모에 지원을 해야 합니다. 하지만 너무 현실적으로 접근하게 되면 공모전의 성격상 당선되기가 어려운 게 한국의 현실이라고 생각합니다. 후속지원에 대한 것도 고용창출이라는 부분에 초점이 많이 맞춰져 있습니다. 그래서 정부 지원 사업에만 너무 집중하다 보면 가장 중요한 것들을 잃어버릴 수 있다고 생각합니다.

스타트업을 제대로 하려면 작지만 알찬 경험을 해야 합니다. 하나씩 배워가면서 작은 성취들을 이룰 수 있는 경험을 해야 하는데, 공모와 지원 사업에 너무 달려들게 되면 허황된 꿈을 너무 크게 잡아버립니다. 그렇게 시작하게 되면 사업을 하는 과정에서 내가 하는 것이 실패인지 성공인지 알 수 도 없고, 제대로 하고 있는 건지도 모르는 상황에 놓이게 됩니다. 이렇게 사업이 망하게 되면 이 경험이 다음을 준비할 수 있도록 도와주지 못합니다. 내가 포기하지 않으면 어떤 실패도 과정이 되지만 그 과정 자체가 의미가 있으려면 제대로 실패해봐야 합니다. 그리고 그 크기가 내가 감당할 수 있는 크기여야 합니다. 그래서 스타트업을 시작하는 후배들에게 늘 작지만 알찬 경험을 하고 허황된 꿈을 잡기보다는 성취를 이루는 과정을 가지라고 말합니다.

EXPERIMENTAL X UX

Aplum
에이플럼

흐트러진 주변을 정리하며 얻을 수 있는 정갈한 마음가짐은 생산성과
효율성을 끌어올리는 데에 큰 도움이 됩니다.
잘 정리된 공간에서 더욱 집중할 수 있는 것처럼요.

모던한 디자인과 멋진 사용성의 에이플럼 데스크 컬렉션 시리즈로
공간과 머릿속의 체계가 잡히면 온전히 몰입할 수 있습니다.

oplum®

출처: aplum.co.kr

Aplum
남기태 CEO

"

디자이너이든 창업가이든
어떤 마음을 지내고 일을 하는가가
특별한 태도를 만듭니다.

그래서 '마음에는 모양이 있다'라는 말을
마음에 계속 품고 살고 있습니다.

"

대표님만의 철학이 있다면 그게 무엇인지 듣고 싶습니다.
철학이라고 물으면 아직도 잘 모르겠습니다. 하지만 마음 속에 늘 간직하고 있는 문장이 하나 있습니다. 나는 어떤 마음으로 디자인을 할 것인가? 입니다. 이 질문은 저의 마음 속에 숙제처럼 남아있습니다. 회사를 운영하면서도 이 생각을 끊임없이 되새기기 위해서 글을 써서 붙여두고 자주 찾아 봅니다. 저도 대표를 맡아 회사를 운영하는 것이 처음이라서 고민을 정말 많이 합니다. 누가 알려줄 수 도 없고 오직 혼자서 공부하고 경험하면서 배워가야하는 것이 많았습니다. 그래서 책을 많이 읽게 되었습니다. 먼저 창업을 한 디자인 창업자'분들의 책 속에서 저를 잡아주는 문장들을 하나씩 모으기 시작했습니다. 그리고 늘 되새기면서 살고 있습니다.

대표님 벽에 걸린 '마음은 모양이다'라는 말이 참 인상 깊은데요 어떤 의미인가요?
제가 좋아하는 말 중에 하나입니다. 마음은 어떤 모양을 갖고 있다고 생각합니다. 어떤 마음을 품느냐에 따라서 그 모양이 생겨나고, 그 모양은 여기저기 묻어난다고 생각합니다. 그래서 좋은 마음으로 디자인을 했을 때 좋은 디자인이 나온다고 생각합니다. 저기 계단에도 붙여놨습니다.

저도 극초기 스타트업을 하고 있습니다. 디자이너이자 경영자의 역할을 스스로 분리하는 게 어렵습니다. 꼭 정체성을 나눠야 할까요?
대표로서의 철학, 디자이너로써의 철학이 겹치지 않을 수 있습니다. 디자이너로써는 자기 스스로 배우고 익히면서 계속해서 성장해나가야 한다고 생각합니다. 하지만 대표는 또 디자이너와 다릅니다. 단순히 자신의 디자이너적인 실력을 성장시키는 것뿐만 아니라 사람을 관리해야 하니까요. 사람 관리라는 것은 어렵고 굉장히 스트레스받는 일입니다. 그렇기에 대표는 상자 안에 있는 사람이 되면 안

됩니다. 자기 자신만 바라봐야 하는 것이 아니라, 주변을 계속 돌아보면서 외부를 바라볼 줄 알아야 합니다.

저는 회사를 만들고 대표 생활을 30살부터 시작했습니다. 30살에 창업을 하니까 직원들도 저와 나이 차이가 별로 나지 않았습니다. 신입사원이 27살 정도였으니까요. 경력도 그렇고 저와 크게 차이가 나지 않았습니다. 호기롭게 시작했지만 막상 회사를 만들고 팀원들과 함께 꾸려가기 시작하니 생각하지 못했던 많은 어려움이 있었고 조금씩 부담감이 쌓이기 시작했습니다. 어떻게 해결해야 할지 몰랐고 어떤 방식으로 이런 감정을 해소해야 할지 몰랐습니다. 누가 가르쳐 주지 못하는 부분이니까요. 그러다 보니 점점 팀원들과 말을 하기가 싫어지고 자꾸 혼자만의 방으로 숨어 들어갔던 것 같습니다. 지금 돌아보면 그때 그들의 이야기를 더 들어주고 이해하는 시간을 가졌어야 했는데, 저도 어렸으니까 몰랐던 것 같습니다. 만약에 터놓고 이야기할 수 있는 사이가 되면 지금 보다 더 좋은 경영자가 되지 않을까요?

그리고 또 디자이너와 창업자가 다른 점은 의사결정에 대한 것이 있겠네요. 창업자는 회사를 이끌어 나가는 결정권자입니다. 그리고 결정만 하고 끝나는 게 아니라 그 결정에 책임을 질 줄알아야 합니다. 단순히 인하우스의 디자이너라고 한다면 디자인만 하면 되지만, 대표는 책임을 저야 하는 사람이기 때문에 이런 것이 다른 것 같습니다. 질문으로 돌아가자면, 디자이너와 창업자의 정체성을 둘로 나눈다기보다 결국 다른 모습, 다른 영역을 발전시켜 나가야 하는 과정의 연속선상이라고 생각합니다.

에이플럼이라는 브랜드를 만들게 된 계기는 무엇일까요?

저는 삼성에서 인하우스 디자이너로 근무하였고 오디오를 만드는 파트에 있었습니다. 하지만 매일 오디오만 디자인해야 하니까 점점 재미가 없어졌습니다. 인하우스 디자이너 생활을 하면서 열심히 잘 만들고, 그렇게 만든 제품이 시장에서 성공하는 것을 보면서 나도 이제 나의 회사를 하나 만들어보자 라는 생각이 들었고 그렇게 대기업 인하우스 디자이너로써 염증이랄까요? 그런 게 생길 때쯤 IMF가 터졌고 제가 다니던 부서가 분리가 되면서 창업을 하게 되었던 것 같습니다.

회사에 대한 역사를 말하지만 조금 긴데, 지금의 제품 디자인 창업을 하기 전에, 먼저 디자인 컨설팅을 하는 브랜드로 창업을 시작했습니다. 초반에는 디자인 컨설팅 회사로 성장해야지 라는 생각만 해야지 했습니다. 처음부터 우리의 제품을 만들어야지 하는 생각은 하지 않았습니다. 아무래도 큰 회사를 다니면 협업을 많이 하기 때문에 그런 수많은 회사의 사람들을 만납니다. 그러다 보면 인맥이 생기고 그렇게 알게 된 사람들이 연결되어 디자인 외주가 들어오곤 했습니다. 그런 일들이 들어와도 저는 회사를 다니고 있었기 때문에 두 개의 일을 병행하지 못했습니다. 하지만 퇴사 후에는 자연스럽게 디자인 컨설팅을 전문적으로 하는 회사를 만들게 되었던 것 같습니다.

제품을 만들고 싶다는 생각을 막연하게 갖고는 있었지만 구체적으로 무엇을 가지고 시작해야 할지 잘 몰랐습니다. 그런데 그때 당시 우연히 어떤 스타트업에 대한 기사를 보게 되었습니다. 아이디어만 가지고 있다면 그것을 직접 만들 수 있는 지금의 와디즈나, 텀블벅과 같은 플랫폼을 만든 대표의 이야기였습니다. 대표가 상당히 젊었는데 젊은 친구가 이런 걸 한다는 게 신기했고 창업에 대한 자극을 크게 받았습니다. 그때 마침 함께 일하던 직장동료 중 한 명이 이상한 가방걸이를 가져

출처: aplum.co.kr

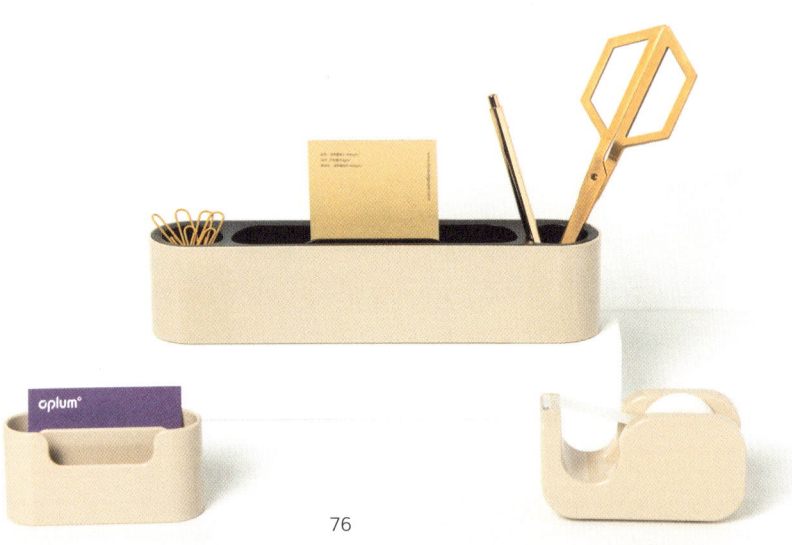

왔습니다. 그런데 그 제품을 사용해보니 굉장히 불편했습니다. 그래서 첫 제품으로 "이걸 먼저 만들어보자!"라는 생각이 들었고 이렇게 자체 제품을 만드는 브랜드로 자연스럽게 이어지게 되었던 것 같습니다. 에이플럼이 처음 만든 제품은 가방 걸이었던 셈이죠.

지금도 디자인도 직접 하시면서 회사를 운영하고 계시잖아요? 디자이너 창업가는 다른 창업가와 큰 차이가 있을까요?

창업은 누구나 할 수 있습니다. 그런데 디자이너가 창업했다고 하면 더 좀 더 좋게 보는 시선은 존재하는 것 같습니다. 하나를 하더라도 좀 더 크리에이티브 하게 보이니까요. 디자이너들은 좀 더 창의적으로 생각하도록 교육을 받았기 때문에 이런 배경으로 인해 디자이너가 창업을 하면 좋게 보는 인식이 존재하는 것 같네요. 실제로 디자이너들은 아이디어를 내는 게 두뇌 속에 훈련이 되어 있기 때문이기도 하고요. 디자이너들은 이런 강점을 갖고 있으니 디자이너 출신들은 다른 일을 하게 된다고 해도 어떤 분야로 가든지 좀 더 창의적인 역할을 해낼 수 있다고 생각합니다. 하지만 디자이너 출신들이 창업을 했다고 했을 때 돈 관리는 좀 꽝인 것 같습니다. 그래서 재무를 담당해줄 CFO가 필요한 것 같습니다.

그리고 창업가라면 일을 하는 사람이기보다는 일을 만들어야 하는 사람이 되는 것이라고 생각합니다. 일을 만들어 내는 것을 디자이너들이 또 참 잘합니다. "오, 이거 새로운데? 이거 해볼까?" 하면서 자꾸 시도하는 것 같습니다. 결국 창업을 했다면 회사가 해야 할 우리의 일이 있어야 하는데 일이 없는 회사면 그것은 부정적인 신호니까요. 그리고 디자이너에서 창업을 하게 되면 디자인을 하는 시간이 사라집니다. 저는 지금도 주말에 나와 혼자 스케치를 하고, 실제로 혼자서 시작해서 끝낸 프로젝트도 있습니다. 대부분 낮에는 회의하고 미팅을 하기 때문에 다른 일은 하지 못합니다. 그래서 직원들이 전부 퇴근한 저녁에 오래 남아있습니다. 이런 시간들을 어떻게 즐길 것이냐가 또 중요한 포인트겠네요. 개인으로써의 나와, 대표로서의 나를 둘 다 완벽하게 가져갈 수 없기 때문에 너무 많은 욕심을 내면 스트레스를 받는 것 같습니다. 저 역시 대표의 일상을 보내고 퇴근을 한 다음에 디자이너의 일상을 시작합니다.

창업가가 되려면 어떤 부분이 중요하다고 생각하시나요 ?

창업가는 자신만의, 자신의 회사만의 프로세스들을 직접 만들어야 합니다. 남들이 해놓은 것들을 조금 가져와서 뜯어보고 공부해가면서 자기 스타일을 계속 찾아가야 합니다. 이런 경험을 직접 하면서 프로세스를 만들어내야만 합니다. 좋은 프로세스를 만들기 위해서는 그 사람의 태도가 정말 중요하다고 생각합니다. 태도는 형태가 존재합니다. 그 사람의 자세, 사람들을 대할 때의 행동, 표정 등 태도를 보면 그 사람이 보이게 되고 이는 그 회사를 말해 준다고 생각합니다. 어떻게 보면 창업자의 일상, 평소의 태도가 그 회사의 프로세스가 된다고 보면 쉬울 것 같습니다. 그래서 저는 늘 진지하고 진실되게 행동하려고 노력합니다. 디자이너든 창업가든 어떤 마음을 지내고 일을 하는가가 특별한 태도를 만듭니다. 그래서 '마음에는 모양이 있다'라는 말을 마음에 계속 품고 살고 있습니다. 스마일 그림을 컵에 그리면 스마일 컵이 되고 브랜드를 만들겠다는 마음을 품고 컵을 만들면 스타벅스 컵이 된다고 생각합니다. 어떤 가치를 보고, 어떤 마음을 가지고 만드냐에 따라 가치가 담깁니다. 저 역시 에이플럼의 제품을 만들 때뿐 아니라 디자인 컨설팅을 할 때에도 이런 마음가짐을 적용합니다. 다른 회사의 간단한 로고 하나를 디자인할 때도 제가 이런 마음을 갖고 디자인을 해주면 이 마음이 업체에게도 전달되는 것 같습니다. 그래서 로고뿐만 아니라 전체 회사의 브랜드까지도 믿고 맡기게 되는 경우가 있습니다.

이런 마음을 가질 때까지 힘든 시간들도 많았을 것 같습니다.

그렇죠. 사업 초반이 정말 힘들었습니다. 어릴 때 사업을 시작했다 보니 잘 모르기도 했고, 회사를 만들면서 직원을 7명이나 고용했었습니다. 그때는 아무것도 모르니까 연봉도 삼성 다닐 때와 비슷하게 주고 인센티브 이야기까지 다 해놓은 상태에서 함께 해보자고 이야기를 해둔 상태였습니다. 그러다 보니 돈이 있어야 해서 사업 초기에 1억을 대출을 받았습니다. 20 몇 년 전에 1억 이면 적은 돈이 아니었으니 이 정도 돈이면 1년 이상은 버틸 줄 알았는데 3~4개월이 지나니 바로 바닥이 나버렸습니다. 제가 이 사람들을 책임져야 하는데 일도 안 들어오고 부담감이 너무 컸습니다. 어떻게든 해보려고 직접 제품 목업까지 만들어서 삼성전자까지 가서 피칭도 하고 살아남으려고 정말 발버둥을 쳤던 것 같습니다.

회사가 내 마음대로 안 굴러가는데 회사가 어렵다는 이야기는 자존심이 상해서 다른 팀원들에게 말하지 못했습니다. 그래서 돈을 벌 수 있는 일은 안 들어오는데 팀원들에게는 제가 계속 일거리들을 만들어서 줬습니다. 그러면서 저는 마음의 문을 닫고 혼자서 끙끙 앓는 시간이 길어졌었죠. 그 시기에 친한 후배가 회사에 와서 '상자 밖에 있는 사람'이라는 책 한 권을 선물해줬습니다. 소통에 대한 책이었는데 이 책을 읽고 나서부터 마음의 문을 열고 팀원들과 면담을 하게 되었습니다. 그때 문제를 해결하기 위해서 책을 엄청 많이 봤고 고민을 엄청나게 많이 했습니다. 그리고 팀원들에게 회사 상황에 대해서 솔직하게 이야기를 했습니다. 연봉을 삭감해야겠다고.. 그러니까 몇 명은 각자의 사정상 함께 할 수 없게 되었지만 솔직하게 마음을 터놓고 이야기한 이후로 많은 것들이 정리가 되었습니다. 회사가 어려운 걸 한 번도 말하지 않았는데 말을 하고 난 뒤부터 마음이 한결 가벼워지면서 조금씩 어려운 것들이 개선이 되기 시작했습니다. 그렇게 몇 개월을 버텼는데, 갑자기 조금씩 컨설팅 일이 들어오기 시작했습니다. 계속해서 성실하게 업체들 만나면서 제가 영업했던 것들이 조금씩 효과를 보기 시작했던 것이죠. 힘든 상황을 알고도 함께 하겠다고 해준 팀원들만 남게 되었는데, 거짓말처럼 몇 개월을 버티자 일이 쏟아져 들어왔습니다. 사업은 정말 인내와 끈기가 중요하다는 걸 그때 배웠습니다. 지금 와서야 이렇게 웃으면서 얘기하지만 버티는 그 시간은 굉장히 처절했던 것 같습니다. 그 당시에는 미래에 대한 불확실함이 주는 두려움이 너무 컸습니다. 지금은 괜찮냐고 물어보신다면 아닙니다. 사업을 10년 이상 하고 있는 지금도 여전히 두렵습니다. 100프로 확신할 수 있는 것은 결국 없는 것 같습니다. 그래서 계속 더 열심히 해야겠다는 마음을 갖고 있습니다. 미래는 알 수 없을지 몰라도 성실하게 임하면 굶지는 않는 것 같습니다. 지금도 회사를 계속해서 미래로 끌고 간다는 것 자체가 제일 힘듭니다. 지금도 매일 고민하는 것 같습니다. 여전히 두렵고 확신은 없지만 저는 남들보다 두 배, 세 배는 더 열심히는 할 수 있습니다. 음.. 세 배까지는 못하려나? 예전에는 세배 까진 한 것 같습니다. (웃음) 그런데 정말 이미 잘하고 있는 다른 사람들을 쫓아가려면 세배는 해야 합니다. 주변을 둘러보면 성장해나가는 회사들은 다른 사람들보다 두배까지는 열심히 하는 것 같습니다. 만약에 내가 모자란다고 느낀다면 세배까지 해야 할 각오가 되어 있어야 한다고 생각합니다. 결국 노력해야 한다는 이야기네요.

노력과 끈기 정말 중요한 이야기인 것 같습니다. 그런데 노력이라는 게 끝이 없으니 힘든 것 같습니다. 이런 열정을 계속 간직할 수 있는 대표님만의 노하우가 있을까요?

가장 중요한 것은 남들보다 두 배, 세 배 열심히 하면서도 그들을 신경 쓰지 않아야 하는 것 같습니다. 만약 남들과 비교를 하게 되면 끝이 없고 그렇게 되면 자신감이 떨어집니다. 저 역시도 남들과 비교하게 될 때가 있습니다. 그럴 때마다 "삼성을 괜히 때려치웠나?" "만약 지금까지 있었으면 어디까지 갔을까?"라는 생각을

출처: aplum.co.kr

합니다. 이런 시간을 버티고 또 자신만의 관점을 갖고 자신감을 갖고 나아가려면 사업을 하면서 10년은 지나야 하는 것 같습니다. 제 생각에는 10년 정도는 기다려야 한다고 생각합니다. 10년 동안 내가 계속 버티고 살아남는 다면 그때는 영업을 안 해도 됩니다. 알아서 소문이 나고 일이 들어오더라고요. 그리고 또 하나는 된다고 믿는 마음가짐인 것 같습니다. 에이플럼도 돌아보면 제가 스스로 된다, 된다 하니까 된 거지 안 된다고 했으면 안 됐을 것 같습니다. 실제로 처음 사업을 시작하면서 만났던 대표들이 많았는데 안 된다 안 된다했던 사람들은 정말 다 안됐습니다. 안 좋은 상황이 온다 해도 인내를 갖고 된다 된다 해야 한다고 생각합니다.

회사를 잘 키워나가기 위해서 실행하는 에이플럼만의 방법이 있다면 무엇이 있을까요?

우리는 우리만의 기준과 디자인 프로세스가 있습니다. 예를 들어 차별화된 것이 있느냐, 정체성을 만들었느냐, 남들과 다르냐, 그리고 상징적인 무언가를 가졌느냐와 같은 에이플럼만의 기준을 세워놓고 깐깐하게 평가합니다. 컨셉지가 나오면 정확히 방향성을 정해 놓고, 우리들이 세운 기준안에서 많이 벗어나지 않도록 기획부터 치열하게 고민하고 들어갑니다. 결국 어떤 회사든 간에 자신들만의 기준과 그 기준을 갖고 계속해서 논의하며 반복할 수 있는 프로세스를 만드는 게 중요한 것 같습니다. 그래야 방향성 없이 흔들리지 않을 테니까요. 또한 방향성을 잘 잡기 위해서는 시장조사를 충실하게 많이 진행해야 합니다. 저희 역시 시장조사를 정말 많이 하고 또 충실하게 진행합니다. 그렇다 보니 방향성이 정해지기까지의 단계가 많습니다. 시장 안에 있는 경쟁자들보다 무조건 뛰어나야 한다는 기준을 갖고 방향성을 치열하게 잡아갑니다.

또, 에이플럼은 1+1을 기본으로 합니다. 예를 들어 컨설팅을 한다고 해보겠습니다. 컨설팅을 의뢰한 고객이 원하는 것은 꼭 해줍니다. 일단 맡겼으면 고객이 마음에 드는 걸 만들어줘야 합니다. 그런 다음에 저희가 추천하는 디자인과 결과물을 보여줍니다. 그러면 고객은 감동을 합니다. 이게 저희의 1 + 1 전략이고 에이플럼만의 방법이라고 할 수 있겠네요.

에이플럼의 초기 고객은 어떻게 잡았나요?

스스로가 고객이 되었습니다. 스스로가 쓰기 편한 것을 중심으로 시작했습니다. 우리가 이미 익숙하게 있지만 그것들을 다시 재조명해보고 관찰해보면서 내가 쓰고 싶은 것들을 스스로 만들었습니다. 일을 하면서 책상 위에 두고 편하게 쓰고 싶은 것들을 찾아봤는데 막상 찾아보니까 괜찮은 제품이 없었습니다. 지금의 에이플럼 제품들은 이런 접근으로 탄생하게 되었습니다. 그리고 컨설팅을 진행하면서 내가 잘 모르는 분야의 의뢰가 들어올 경우에는 고객 분석을 처음부터 새로 합니다. 외주를 의뢰한 사람들보다도 더 시장조사를 더 많이 잘하려고 노력합니다. 그렇게 한 뒤에 그 업체의 제품, 서비스 들을 분석해서 그들이 상상했던 것보다 더 좋은 걸 만들어주려고 성실하게 임하고 있습니다. 고객을 이해하려면 역시 시장조사를 바탕으로 모은 데이터들이 기반이 되어야 합니다. 그리고 이런 데이터들을 해석해서 좀 더 인상적으로 만드는 과정을 거치는 것이죠. 고객을 아무리 잘 분석하고 시장을 파악했다고 하더라도 제품과 서비스의 상징성 없다면 그것은 단순 공산품이 되어버린다고 생각합니다. 디자인이 된 제품이라면 그것을 보았을 때 그것들 만든 브랜드의 마음이 느껴져야 한다고 생각합니다.

For every minute spent organizing,
an hour is earned.

- Benjamin Franklin

정리 정돈에 신경 쓰면,
오히려 더 많은 시간을 얻을 수 있다.

- 벤자민 프랭클린

출처: aplum.co.kr

대표님만의 차별화는 무엇일까요?

저의 차별점은 안 된다는 말을 하지 않는 것이라고 생각합니다. 회사 생활부터 지금까지 저는 한 번도 무언가를 안 된다고 생각해 본 적이 없었습니다. 뭐든지 될지 안 될지는 일단 해봐야 한다고 생각하니까요. 먼저 해보고 나서 안 된다고 해야지 시작도 전에 안된다고, 안될 것 같다고 말하는 걸 싫어하는 편이라 어쩌면 이런 점이 저의 차별점이 아닐까 생각합니다. 쑥스럽네요.

시행착오를 하는 과정에서 좀 더 빨리 알았으면 좋았을 것 같은 건 무엇일까요?

남들의 의견이 굉장히 중요하는 사실입니다. 지금도 의사결정을 할 때가 오면 여러 개를 만들어 보면서 끝까지 고민합니다. 제가 대표라고 해서 저의 디자인이 더 높은 점수를 받고 그런 것은 없습니다. 모두가 동등한 선상에서 경쟁하고 고민하고 그렇게 결정합니다. 만약 이러다가 결정을 내리기 어려운 순간이 오면 그때는 견적을 내보고 제가 책임을 질 테니 하나를 정해 그냥 밀고 나가기도 합니다.

후배 창업 디자이너에게 해줄 말씀이 있으실까요?

성공보다는 성장하는 사람이 되었으면 좋겠습니다. 당장에 돈을 얼마 벌겠다 보다는 하나, 하나의 실패들을 마주하면서 나아갔으면 좋겠습니다. 이게 두렵다면 사업은 오래 하지 못한고 생각합니다. 그리고 버티는 사람이 이기는 것입니다. 버티세요. 누가 뭐래도 한 10년 버티면 이길 수 있습니다. 내 이름을 걸고 사업을 시작하려고 한다면 10년은 할 각오로 시작했으면 좋겠습니다. 초기 창업을 하면, 무엇을 만들 것인지 또 어떤 라인업을 만들 것인지 고민을 정말 많이 합니다. 저 역시 무엇을 만들지 모르고 시작했습니다. 초기 때는 아이디어 상품만 만들었습니다. 어떤 제품을 만들어야 할지 잘 몰라 다양한 것을 만들었는데 그렇게 시간을 보내니 누군가가 "너희 회사는 뭐하는 회사냐"라는 질문을 받았을 때 혼돈이 왔습니다. 저희는 디자인 회사였지만 주력 상품이 없었습니다. 굉장히 일반적인 질문이었지만 그때의 저는 제대로 된 대답을 못하고 멘붕이 왔었습니다. 그러고 나서 제대로 된 고민을 하기 시작했습니다.

초기에는 돈을 좇았습니다. 그러다가 점점 우리가 잘하는 게 뭘까. 무엇을 해야 할까를 고민하기 시작했습니다. 그러다 책상에 오래 앉아 있는 사람들을 위한 디자인 제품들을 만들고로 특화시켜야겠다는 생각이 들었습니다. 문구 제품을 시작으로 다양한 라인업을 만들어 하나의 플랫폼을 만들자는 생각을 갖고 달려오게 되었습니다. 저희의 초기 계획서를 보면 에이플럼의 라인업에 책상이 들어있습니다. 초기에 계획했던 제품들을 하나씩 만들어 내면서 왔고, 실제로 지금 책상을 만들고 있습니다. 결국 돈이 아닌 우리는 무엇을 해야 하느냐에 대한 질문과 그 답을 대표와 그 회사의 구성원들이 갖고 있지 않으면 그 회사의 매출이 100억, 200억을 내더라도 직원들은 자신들이 대체 지금 뭘 하고 있는지 모를 수밖에 없는 것 같습니다.

결국에는 브랜드가 중요합니다. 브랜드가 만들어지는 초기에 고민을 많이 하고 공부하고 방향을 잘 잡아서 중장기적인 계획을 세우며 나아가야 합니다. 에이플럼은 책상과 책상 파티션까지 내는 것이 지금의 목표입니다. 초기에 돈을 좇는 것보다 불안해하지 말고 무엇을 해야 하는지 치열하게 고민하는 것이 필요합니다. 으쌰 으쌰 해서 함께 하는 팀원들에게 자신의 고민을 터놓고 그리는 비전을 그려줘야 합니다. 창업가가 해야 할 것은 그 회사의 비전을 만들어주는 것이기 때문입니다.

TREND X CHALLENGE
BASICMENT
베이직먼트

베이직먼트는 자연이 주는 순간의 감동이 디자인으로
이어지는 경우가 많고 그 감동을 정확하게 보는 이에게 혹은
구매자에게 전달하는 것이 최종적 목표입니다.

Basicment
김대중 CEO

"

다른 사람들의 말을 적절하게 귀담아들으면서
피드백을 받아들일 줄 알아야 한다고 생각합니다.

자신의 사업에 대해 냉정하게 생각할 줄 알아야 합니다.
타인의 피드백을 수용하면서도
어떻게 만족시킬 수 있을까 하는 고민들을 해야 된다고 생각합니다.

"

대표님의 디자인 철학이 있다면 무엇인가요?

디자인과 사업을 하면서 소비자가 원하는 결과물과 디자이너가 원하는 결과물 차이가 좀 있더라고요. 이런 차이를 어떻게 좁힐 수 있을까 많이 고민합니다. 그러다 보니 결국 본질적인 것을 굉장히 중요하게 생각하게 되었어요. 디자인을 할 때에도 본질적인 부분에서 주제를 찾고 이야기를 만들어가고 있습니다. 막상 사업을 시작하니 소비자들은 본질적인 부분도 좋지만 일단 자극적인 것에 반응을 빠르게 하는 편인 것 같아요. 예를 들어 카페 같은 경우 소비자들이 더 돋보여야 하고 사진을 찍을 만한 곳이 있어야 한다거나 이런 것들이 더 필요한 것 같습니다. 저는 부드럽고 편안한 분위기를 디자인하고 싶지만 오히려 편안한 분위기는 재미가 없다고 생각을 하시는 것 같아요. 이런 차이를 어떻게 좁혀갈 수 있을까? 하는 질문을 계속 던집니다. 지금 카페 공간을 디자인을 할 때에도 사람이 주인공이 되었으면 좋겠다는 생각을 하고 디자인을 합니다. 서로 주인공이 되어서 편안하게 대화를 하면서 공간과 조화를 이루는 것을 중요하게 생각했습니다. 이렇게 디자인을 하니까 오시는 고객들이 좋아하긴 하시지만 다른 카페처럼 인스타그램에 올라오거나 하는 경우는 덜한 편이죠. 그래도 제가 추구하는 철학은 사람 중심, 편안함, 그리고 조화라고 할 수 있겠네요. 카페 베이직먼트라는 이런 철학을 담아서 지었습니다.

이런 철학을 갖게 된 계기가 있을까요?

미국에 있을 때는 저는 자동차 디자이너 공부를 하면서 스타일링 쪽에 이제 더 치중되어 있었어요. 좀 자극적이고 어떻게 하면 사람들 눈 띌까 하는 디자인에 치중이 되어 있었는데 어느 순간 이게 디자인이 맞나? 하는 생각이 들었고 이런 질문에 대한 저만의 답을 찾고 싶었던 것 같아요. 그래서 정말 디자인이 뭔지에 대한 고민을 많이 했습니다. 금방 질리지 않는 디자인을 하고 싶었고 쉽게 버려지지 않는 디자인을 하고 싶었어요. 그러면 질리지 않고 평생 가는 게 뭘까 생각했을 때 자연적인 것들이 떠오르더라고요. 말 그대로 자연 그 자체는 질리지 않고 사람들에게 오랫동안 다양한 영향을 준다는 것에 초점을 두게 되었습니다. 이런 생각을 한 뒤로부터 좀 더 자연적인 영감들을 디자인으로 가져와 디자인해 보고 싶다는 생각이 들었습니다.

미국에서 한국으로 돌아오시면서 바로 베이직먼트를 창업하신건가요?

아니에요. 베이직먼트는 SSADY를 다닐 때부터 천천히 생각했습니다. 처음 공간 디자인을 한 건 그레이트 커피라는 공간이었어요. 처음부터 카페를 만들자가 아니라 단지 사람들이 편안하게 쉬다 갈 수 있는 공간을 한번 만들어보고 싶다는 생각에 시작하게 되었습니다. 카페 사장이 되자는 아니었고 사람이 주인공이 되는 그런 공간을 만들어보고 싶다는 생각에서 시작을 한 거거든요. 그런 의미로 회색이라는 무채색의 느낌에서 영감을 받아 회색의 공간에서는 사람이 더 돋보일 수 있지 않을까 하는 생각을 했고 서로에게 집중할 수 있는 시간을 만들어주는 공간을 디자인하는 과정에서 그레이트 카페가 생겨났습니다. 그렇게 공간을 만들어 놓으니 자연스럽게 공간이 너무 좋아서 사람들이 또 문의를 하셨고 사연스럽게 공간 디자인의 비즈니스가 이어졌습니다. 처음부터 공간 디자인을 하겠다, 카페를 차리겠다고 생각했기 보다는 사람들에게 집중하다 보니까 자연스러운 흐름을 타서 여기까지 오게 되었네요. 어떻게 하면 사람들에게 제가 가진 철학을 좀 더 알릴 수 있을까 하는 고민을 계속하다 보니까 카페를 하나 더 만들게 되고, 제품이나 다른 디자인들을 하게 되었어요. 그러다 보니 욕심이 생겨서 아예 FMB 쪽으로 비즈니스를 키워보고 싶다는 생각까지 하고 있습니다.

그레이트 커피는 인스타그램 팔로우가 많아요. 이런 전략도 세우신 건가요?

전혀 아니었어요. 저는 그냥 인스타그램은 공유 정도의 개념으로 생각했지 이걸 통해서 홍보를 한다거나 이걸 통해서 많은 사람들에게 카페를 알리거나 하겠다는 생각은 안 했어요. 그냥 카페 정보를 알릴 수 있는 게 홈페이지 아니면 인스타그램인데 요즘은 인스타그램으로 정보를 보니까 정보 공유 차원에서 시작했습니다. 카페 주소나 메뉴들을 적어두는 정도만 생각을 했습니다.

마케팅을 하지 않으셨으면 초기에, 사용자들은 어떤 경로로 오셨어요?

저희 같은 경우에는 처음에 장사가 엄청 안 됐어요. 말 그대로 자극적인 것도 없고 사람들의 진짜 인스타 포토스팟이 있어야만 카페를 가니까요. 그런데 공간 디자인을 잘해놓으니까 손님이 한 번 오면 계속 오시더라고요. 계속 오시는 분이 친구를 데려왔고 또 그 친구분이 또 친구를 데려오는 방식으로 퍼져나갔어요. 제가 전달하고자 했던 메시지가 공간을 통해서 공감이 되었던 것 같아요. 그러다 보니 갑자기 매출이 갑자기 엄청 오르게 되었습니다.

디자이너이자 창업가이신데, 이 두 역할의 차이가 있을까요?

저는 차이 없다고 생각하는 편입니다. 사업을 하는 과정 자체가 전부 디자인이라고 생각하거든요. 사업을 어떻게 이끌어 나갈지 생각하고, 어떤 목적을 세우고 그 목적을 달성하기 위해 또 실행하는 과정 자체가 디자인의 일부라고 생각하기 때문에 디자이너와 창업가의 역할이 따로 있다고 생각하지 않습니다. 요즘 굉장히 디자이너 출신 CEO들이 많은데 디자이너들은 무엇을 해볼까? 하는 생각과 함께 그 생각을 바로 시각화하거나 구현해 보 수 있는 추진력은 좀 더 있는 것 같아요.

출처: basicment.com

디자이너들이 창업을 한다면 뭐가 조금 중요할지도 좀 여쭤보고 싶긴 하거든요

디자이너가 창업할 때 본인을 과대평가하는 건 진짜 버려야 된다고 생각합니다. 자신을 과대평가해서 내가 디자인 진짜 잘한다고 생각하고 사업을 하게 되면 스스로 모든 것을 다 통제하고 디자인하려고 하는 것 같아요. 이런 생각은 버려야 하는 것 같습니다. 내가 제일 잘하는 거 아니거든요. 디자인 잘하는 사람은 정말 많고 창업가가 돼서 비즈니스 레벨로 이끌어 나간다고 생각한다면 사업을 함께 키워줄 수 있는 사람들을 뽑아야 해요. 그런데 내가 다 하려고 욕심을 내고 있으면 협업이 힘들어지죠. 그러면 몸도 마음도 지치고 시간도 부족해지고 결과적으로 중요한 걸 놓치게 되는 것 같아요. 저 역시 내려놓는 연습을 많이 하고 있습니다. 디자이너들의 눈에는 좀 더 자세한 것들이 보여요. 아 이건 저기에 있어야 하는데, 아 저기에는 이게 있어야 하는 데와 같은 기준들이 있거든요. 하지만 이제는 이런 부분을 조금씩 내려놓으려고 연습하고 있습니다.

혼자 다 하려고 한다는 말이 공감됩니다. 좀 더 구체적으로 들어볼 수 있을까요?

예를 들어서 현재 이 공간, 베이직먼트를 디자인할 때도 시공부터 브랜딩, 가구 디자인, 메뉴 개발까지 생각할 수 있는 모든 건 혼자 다 했던 것 같아요. 도와주는 친구가 있긴 했지만 혼자 다 하려고 했죠. 그런데 이런 부분들은 이제 맡길 수 있는 건 맡기고 놓을 수 있는 건 놓자는 생각을 하고 있습니다. 이런 마음은 저의 상황과도 연결이 되는 것 같아요. 운이 좋게 부모님이 돈을 해주신 것도 아니고 대기업을 다니면서 돈을 모아서 나온 것도 아니니까. 제가 가지고 있는 돈을 다 모아서 비즈니스를 하고 있어요. 그러다 보니 더 잘하고 싶고 더 잘해야만 한다는 생각이 자꾸 드는 것 같습니다. 어떻게든 내가 해서 비용을 더 아끼려고 하면서 현실적인 부분을 스스로 해결해 보려 하다 보니 그런 것 같아요. 하지만 한편으로 이런 것을 자꾸 버려야 한다고 생각하고 연습하고 있습니다. 책임감을 조금은 내려놓고 나도 직원이라는 마음으로 일의 균형을 맞추려고 하고 있습니다.

아이디어가 굉장히 많은 신 것 같아요. 어디에서 영감을 받으시는 건가요?

회사 홈페이지에 보면 Capturing the moment of the nature라는 문구가 있어요. 자연에서 오는 순간을 포착한다는 말인데 저는 자연에서 영감을 받아서 디자인을 합니다. 제가 만든 조명 같은 경우에도 꽃병이 있었는데 창으로 빛이 들어와 꽃을 비추는 모습을 보고 그 순간을 포착하고 싶다는 생각을 해서 그 느낌을 디자인을 했습니다. 또 생각하는 훈련을 친한 형과 많이 합니다. 계속해서 다양한 제품, 서비스들을 보면서 이건 왜 이렇게 디자인을 했을까, 이건 왜 이렇게 할까라는 생각을 하고 대화를 합니다. 절대 먼저 찾아보지 않아요. 계속 토론하다 보면 점점 다양한 이야기들이 나오게 되고, 제품과 서비스 안에서도 역으로 제가 그 안에 담긴 스토리를 뽑아내게 되더라고요. 그렇게 이야기를 한 후에 찾아보면 대부분 들어맞아요. 본질에 대한 고민을 하는 연습을 굉장히 자주 또 많이 하고 있습니다.

스토리를. 비주얼화하는 건 참 어려운 것 같아요. 대표님은 어떻게 생각하세요?

어렵죠. 그래서 더 이야기를 시각화하는 훈련을 사람들을 모아서 해야 하는 것 같아요. 계속 이런 것을 같이 고민할 수 있는 환경, 사람에 노출이 되고 목이 말라있어야 하는 것 같아요. 단순히 Behence를 바로 찾아보고 자료를 모으고 하는 식으로 하게 되면 그 내면의 본질적인 부분을 이해하기는 어려울 수 있거든요. 그래서 어떤 자료를 바로 찾아보기보다는 그 내면의 이야기를 자꾸 들춰내는 시간을 보내야 한다고 생각합니다. 그러다 보면 자연스럽게 이야기를 시각화하는 게 편해지는 것 같아요.

기억에 남는 시행착오들 같은 게 혹시 있나요?

클라이언트를 대하는 방법에 대해서 잘 몰랐던 것 같아요. 디자인에 대한 부분에서는 제가 더 많이 안다고 생각하고, 또 제가 옳다고 말을 하니까 대화를 하는 게 상당히 힘들더라고요. 내가 더 잘하는데 내 말을 들어야 하는 게 아니야? 라는 생각을 하게 되는데, 결국 디자인은 클라이언트를 만족시켜줘야 하기 때문에 이런 시행착오를 거치면서 방법을 배운 것 같아요. 아무리 세상 사람들이 결과물에 만족을 하더라도 의뢰를 한 클라이언트가 만족하지 못하면 소용이 없더라고요. 그래서 비즈니스를 하면서 클라이언트를 대하는 방법이나 사고방식을 많이 고치고 배웠던 것 같습니다. 주변을 보면 다른 디자이너들은 말이 안 통하는 클라이언트를 만나면 그냥 포기를 하더라고요. 그런데 저는 포기하고 싶지가 않아서 어떻게든 그 사람이 제가 해준 디자인을 마음에 들어 하게끔 만들려고 노력해요. 알고 보면 클라이언트 분들은 정말 잘 몰라서 그러는 건데 디자이너 입장에서는 그게 답답한 거죠. 그래서 저는 좀 더 많은 자료들을 보여주고, 다른 경험도 시켜주고 하다 보면 그분들도 아 이게 이래서 예쁜 거였구나 하고 느끼게 됩니다. 그래서 처음에는 이게 싫다고 했다가 갑자기 빅팬이 되는 거예요. 그래서 클라이언트들은 한 번 저와 인연을 맺으면 계속하려고 합니다.

사업을 하면서 장애물이나 어떤 리스크를 마주하셨을 때 어떻게 해결하시나요?

저는 딱히 문제가 없던 것 같아요. 물론 돈이나 이런 것들이 문제가 되죠. 하지만 사업을 하면 당연한 거라고 생각해요. 망하면 망하는 거고, 아니면 말고 마인드를 가지고 하려고 노력합니다. 지금 이거 망하면 저 참치 배 타야 합니다. 이런 부담감을 못 버티면 회사 가야죠. 리스크는 감수해야 하는 것 같습니다.

후배 또는 창업하려는 디자이너 분들에게

아까도 얘기했지만 본인을 너무 과대평가하면 안 되는 것 같아요. 자신의 사업에 자신이 있어도 다른 사람들의 말을 적절하게 귀담아들으면서 피드백을 받아들일 줄 알아야 한다고 생각합니다. 아닌 것 같으면 아이템을 과감하게 버릴 줄도 알아야 하는데 그렇지 못한 초기 창업자들이 많은 것 같아요. 자신의 첫 아이템이 절대 완벽하지 않거든요. 끝까지 끌고 가려 하기보다는 냉정하게 생각할 줄 알아야 하고 그러려면 자신을 너무 과대평가하면 안 된다고 생각합니다. 타인의 피드백을 수용하면서도 어떻게 만족시킬 수 있을까 하는 고민들을 해야 된다고 생각합니다.

대표님의 향후 목표 계획도 궁금합니다

저는 그냥 디자인을 하고 싶어요. FMB 쪽으로도 하면서 제가 하고 있는 것들의 디자인적인 완성도를 높이는 게 목표입니다. 단순히 돈을 번다는 것보다 사람들과 소통이 잘 되었으면 좋겠고 저의 디자인을 좋아해 줬으면 좋겠어요. 너무 강렬하고 유행 타는 디자인보다 제가 지향하는 디자인들을요. 그리고 현재 2층에서 사업을 하고 있는데, 1층까지 다 사버리는 게 하나의 목표이기도 합니다.

NEW X REALITY

Link Flow
링크플로우

링크플로우는 세계 최초 360도 넥밴드형 웨어러블 카메라 FITT360 시리즈를 개발 및 제조하는 기업입니다.

링크플로우 FITT360 시리즈는 보안, 안전, 설비 유지 등의 산업 분야와 개인의 소중한 경험을 기록하는 데에 활용되어 우리의 삶을 혁신적으로 개선하고 있습니다.

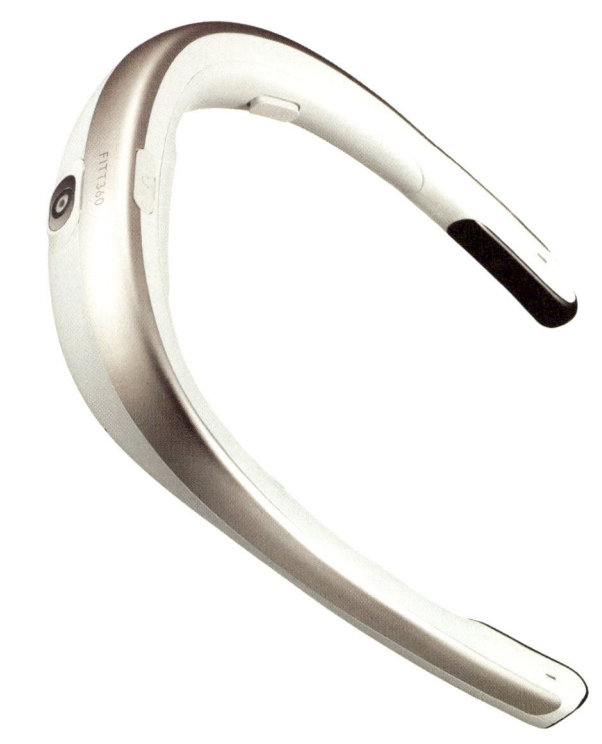

LINKFLOW
linkflow.co.kr

Link Flow
김준세 CXO

"

디자이너는 창업을 할 때 무조건 선두에 서야 합니다.
처음에는 디자이너 입장에서 "내가 이렇게 해도 되나, 저렇게 해도 되나"
좀 물어봐야 되는 거 아닌가 하는 고민을 많이 합니다.

하지만 공동 창업자의 라인에 섰다면
이런 생각을 하지 말고 먼저 치고 나가야 합니다.
이렇게 치고 나가야 홍보든 IR이든, 개발을 하든 뭘 할 수 있습니다.
그런데 실체가 없으면 불가능해요.
디자이너는 실체를 만드는 사람이라고 생각합니다.

"

안녕하세요. 대표님 간단한 소개 부탁드립니다.

안녕하세요. 저는 360도 웨어러블 카메라를 만들고 있는 링크플로우의 공동 창업자이자 디자인 총괄을 맡고 있는 김준세라고 합니다. 링크 플로우는 삼성의 사내 프로그램인 C-LAB에서 우수한 성과를 거두어 지원을 받고 스핀오프를 하게 된 회사고요. 지금까지 120억 정도 투자를 받았습니다.

김준세 이사님 디자인 철학이 궁금합니다.

저는 사람들이 많이 쓰는 제품을 디자인하고 싶었습니다. 그래서 대학교를 입학할 때부터 제품 디자이너가 되고 싶었고요. 요즘에는 디자이너들이 예술 쪽으로도 많이 가시지만 저는 철저하게 많은 사람들이 쓰는 제품을 디자인하길 원했습니다. Mass Production을 하고 싶었고 그래서 삼성에 들어가고 싶었어요. 졸업 후 삼성에 입사를 한 것도 이런 가치관이 반영된 것이기도 하면서 범용적인 제품을 하고 싶어서였습니다. 삼성에 입사를 하게 되고 나서도 되도록 사람들이 많이 사용하는 것을 디자인했습니다. 많은 사람들이 쓰는 제품을 만들다 보니 자연스럽게 사람이 중심이 되는 디자인에 대해서 고민을 많이 한 것 같습니다. 단순히 디자인적으로 예쁘고 멋진 것도 좋지만 저는 사용하는 사람이 편한 것이 저의 디자인의 철학일 수 있겠네요.

창업을 하게 된 계기도 디자이너님의 철학과 맞닿아 있어서였나요?

조금 다릅니다. 삼성에서 대중적인 제품을 디자인해오던 저에게 '링크플로우' 는 인생의 예외 포인트였습니다. 링크플로우의 첫 번째 제품을 봤을 때는 범용성이 없어 보였거든요. 그래서 함께 하자는 제안을 받고 정말 고민을 많이 했습니다. 대학생 때부터 핸드폰을 디자인하는 게 저의 꿈이었는데 함께 하자는 제안을 받았을 때 마침 핸드폰 사업부에서 핸드폰을 디자인하고 있었거든요. 원래는 PC 사업부에 있다가 운이 좋아서 무선 사업부로 옮기게 돼서 드디어 태어나서 처음으로 제가 하고 싶었던 핸드폰을 모델링하게 된 거죠. 이런 기회가 언제 올지 몰랐는데 이때 링크플로우의 웨어러블 카메라를 만난 거예요. 사업가로 성공을 하는 게 저의 꿈은 아니었기 때문에 고민을 많이 했어요. 하지만 핸드폰이 아니더라도 링크플로우의 초기 제품이 었던 웨어러블 카메라를 범용적인 제품으로 만들어보자라는 나름대로의 목표를 세웠죠. 결국은 저의 철학을 스스로 투영했던 것 같아요.

어려운 결정이셨을 것 같은데 결정적으로 결심하게 된 계기가 있으신가요.

아무래도 새로운 것을 해보고 싶다는 마음이 컸습니다. 휴대전화를 디자인하는 공법이나 이런 것들이 너무 다 익숙해져 있었어요. 그래서 다 똑같은 루틴으로 디자인을 하고 있었고요. 아무래도 대기업의 프로세스상 효율적으로 일을 해야 하다 보니 새롭게 디자인할 요소들은 많이 줄어들고 있었죠. 저는 더 새로운 공법을 해보고 싶었고 더 배우고 싶었어요. 여기서 멈추기보다는 앞으로 더 나아가고 싶었는데 핸드폰 사업부에서 디자인을 한다고 해도 뭔가 더 새로운 것을 배울 것 같지 않았어요. 그래서 아예 다른 제품, 지금까지와는 전혀 다른 제품을 만났으니 도전을 해봐야겠다는 생각을 했어요. 퇴사를 고민하면서 선배님들에게도 많이 여쭤보고 현재 상황을 말씀드렸었는데 다들 나가서 한번 해보라고 하시고 응원해 주셨어요. 퇴사를 할 때 상무님께도 C-lab에서 만든 아이템 때문에 퇴사해야 할 것 같다고 말씀드렸더니 C-lab 아이템 때문에 퇴사를 하는 건 제가 처음이라고 하셨어요. 상무님께서는 왜 꼭 나가려고 하냐고 물어보셨는데 도전을 한번 해보겠다고 말씀드렸죠. 그러니까 잘 가라고 말해주셨어요. 그런데 부모님은 아직도 제가 삼성을 다니시는 줄 알아요. 어디 가시면 삼성 다닌다고 얘기하십니다.

흥미로운 스토리입니다. 지금 대표님이 이사님을 어떻게 설득하신 건가요?

지금 대표님이 저에게 같이 하자고 총 세 번을 부탁했습니다. 첫 번째는 C랩 처음 할 때 C랩 과제를 좀 도와달라고 하셨죠. 처음부터 같이하자고 제안을 해주셨는데 제가 그때 일이 많이 바빠서 거절을 했었죠. 그리고 두 번째는 C랩 해커톤이라는 걸 해야 하는데 같이 와달라고 하셨어요. 그때도 거절을 했었죠. 그 뒤에 C랩에서 스핀오프까지 가게 되었다고 말씀하시면서 마지막으로 부탁을 하셨어요. 제가 생각이 있으면 같이 갔으면 좋겠다고 제안해주신 거죠. 스핀오프를 하기 전까지 계속 사업부 일을 하고 있었는데 두 달 만에 갑자기 나오게 된 거죠.

갑자기 삼성 인하우스 디자이너에서 창업가가 되신 거네요. 차이를 느끼셨나요?

처음에는 디자이너와 창업가는 다르다고 생각했어요. 창업가들은 뭔가 다른 생각을 하고 다른 행동을 하고 다른 걸 보겠지 그런 생각을 많이 했어요. 그런데 3년 정도 지나 보니 전혀 다른 것 같지가 않아요. 창업가는 디자이너보다 조금 더 다른 생각을 하는 것뿐이지 디자이너로 사용하는 디자인 띵킹 플로우가 똑같아요. 고객을 생각하고 고객에 집중해서 서비스와 제품을 기획하고 만들고 소비자에게 인정받는 이 과정이 똑같더라고요. 창업가 역시 이런 과정을 기본으로 두고 추가로 투자, 인사, 회계, 재무까지 함께 해가는 것이 거라고 생각해요. 디자이너의 연장선인 거죠. 처음에 창업을 했을 때만 해도 "내가 재무를 어떻게 알고 회계를 어떻게 알고 소프트웨어를 어떻게 알지"라는 생각만 하고 살았어요. 그런데 본질은 똑같더라고요. 예를 들면 재고 운영을 하는 데 있어서 재고를 어떤 방식으로 관리하는지에 따라서 회계의 흐름이 틀려지더라고요.

결국 다 기획부터 시작해서 최적의 결과를 내기 위한 방법을 끝없이 고민하고 만들어가는 거죠. 다른 파트지만 각 파트의 분들이 고민하던 과정을 회의를 통해 들

출처: linkflow.co.kr

다 보면 디자이너들이 아이템의 차별화 포인트를 찾는 과정과 똑같더라고요. 이제는 오히려 전혀 다른 분야의 분들과 이야기를 하면서 서로 몰랐던 부분들을 알고 새로운 돌파구를 찾아가게 되더라고요. 창업가가 되면서 이런 부분들을 많이 배웠습니다.

사업을 할 때 이것만은 꼭 갖춰야한다고 생각하는 중요한 포인트가 있으신가요?
저는 그거는 확실히 답이 바로 떠올라요. 저는 태도라고 생각을 합니다. 디자이너 분들은 "나는 너랑 달라. 너랑 나는 틀려. 나는 스타일리쉬하고, 나는 생각이 저 멀리에 가 있고 너는 아무것도 몰라"라는 생각에 사로잡힐 수 있어요. 제 주변에도 많았거든요. 그런데 이런 생각들은 사업을 하게 되면 아무 도움이 안 되는 것 같아요. 저는 개발자분들이랑 짜장면 한 그릇 먹고 더 먹고 당구 한 게임 치면서 다른 분들의 생각들을 들으려고 하고 그분들의 노하우를 얻으려고 노력했어요. 자신을 너무 과대평가하지 않고 사람들에게 배우려는 자세를 갖는 것이 정말 중요하다고 생각합니다. 제가 늘 배우려는 자세로 만나는 사람들을 대하다 보니 외부에서 저를 만나시면 "디자이너셨어요?"라는 말을 제일 많이 합니다. 디자이너처럼 생기지도 않았지만.. 공동 창업자가 있거나, 팀원이 생기시면 서로의 관점이 다르고 서로의 입장이 다르기 때문에 어쩔 수 없이 싸움이 나는 경우가 생겨요. 그럴 때에도 평소에 상대방에게 무언가를 배우려는 태도를 갖고 있으면 서로가 서로의 진심을 알고 있기 때문에 결국 좋은 방향으로 나아가는 것 같습니다.

공동 창업자이자 디자이너이신데요. Chief 디자이너는 어떤 역할을 해야 할까요?
디자이너는 자신의 회사의 제품, 서비스에 대해서 최전선에 서서 이끌 수 있어야 된다고 생각합니다. 결과물을 보여줘야 되는 게 필수예요. 저희는 제조를 하기 때문에 더욱 더 결과물을 보여줘야 합니다. 이런 게 중요하기 때문에 사업부에서 품평회라는 걸 합니다. 어떤 사업이나, 아이디어를 진행할 때 눈으로 볼 수 있는 게 없으면 이야기가 끝이 나질 않거든요. 하지만 품평회를 해서 디자이너들이 결과물을 앞에 딱 놓으면 여기에 집중을 하기 시작합니다. 이건 구현하기 어렵다던가, 이건 이렇게 하면 안 된다던가, 이런 건 한번 해보겠다던가 하는 말들을 하면서 대화가 시작되거든요. 그런데 이런 결과물이 없이 대화만 하면 끝이 나질 않습니다. 계속 이야기만 돌고 돌게 되더라고요. 그런데 어느 시점에 딱 결과물을 만들어갖고 그냥 앞에다가 딱 갖다 놓으면 바로 진행이 되는 케이스가 많아요. 저희가 앱을 개발해야 할 때도 그냥 결과물을 만들어버렸어요. 그리고 이걸 개발팀한테 드려요. 이건 안되는데 왜 이렇게 했냐. 저것도 안 되는데 왜 저렇게 했냐 하는 피드백이 막 쏟아져요. 그런데 이게 원래 모든 것의 시작입니다.

디자이너는 창업을 할 때 무조건 선두에 서야 합니다. 그래야 일정을 당길 수 있습니다. 처음에는 디자이너 입장에서 "내가 이렇게 해도 되나, 저렇게 해도 되나" 좀 물어봐야 되는 거 아닌가 하는 고민을 많이 합니다. 하지만 공동 창업자의 라인에 섰다면 이런 생각을 하지 말고 먼저 치고 나가야 합니다. 이렇게 치고 나가야 홍보든 IR이든, 개발을 하든 뭘 할 수 있습니다. 그런데 실체가 없으면 불가능해요. 디자이너는 실체를 만드는 사람이라고 생각합니다.

팀원들과 회사를 이끌어가시면서 많은 의사소통을 하고 설득을 해야 하잖아요. 다른 분들을 설득해야 할 때 이사님만의 방법이 있으신가요?

저는 저의 입장만 주장하는 게 아니라 저의 입장을 다른 분들의 이야기를 들으면서 우회하는 방법을 쓰는 것 같습니다. 디자이너로써 선봉에 서서 먼저 결과물을 보여주고 이야기를 하다 보면 당연히 설득이 안될 때 많아요. 의사소통을 할 때에도 시간과 에너지가 많이 들어가죠. 하지만 절대 어떤 아이디어나 아이템을 그냥 포기한 적은 없어요. 초기의 아이디어를 다른 쪽으로 돌려서 이야기를 하고 그러는 과정에서 모양을 바꿔가면서 합의를 하죠. 이게 안 되니까 그냥 포기하자 이랬던 적은 한 번도 없었습니다. 함께 하는 분들도 그 기본적으로 마인드가 다 그렇습니다.

이사님만의 영감을 얻기 위한 습관이 있으실까요?

사람들이 많이 관찰하는 것 같습니다. 지금도 대표님이 쓰고 있는 모자나 신발 같은 것들도 관찰하고 이런 것들이 자연스럽게 기억에 남아요. 어떤 사람이 특별히 했던 행동 같은 것들을 보다 보면 재미있는 포인트들이 많이 있는 것 같아요. 학생 때도 그렇고 회사에 있을 때도 제가 관찰한 것들을 그냥 많이 적었어요.

사업을 할 때 덜어내는 것과 아이템을 날카롭게 만드는 게 어려운 것 같습니다. 링크플로우는 어떻게 하셨나요?

저희 대표님이 욕심이 많아요. 그러다 보니 정말 많은 프로젝트를 했고 그 프로젝트들을 제가 함께 했고요. 하지만 이러다 보니 깊이가 없더라고요. 모든 게 깊이는 없는 상태로 자꾸 많아지니까 어느 순간부터는 우리가 할 수 있는 능력을 넘어서더라고요. 그때부터 방향을 잡았어요. 일단 무조건 고객이 원하는 것을 하자. 저희가 테슬라도 아니고, 세상을 뒤집을 만큼의 원천기술을 갖고 있는 것도 아니기 때문에 최대한 냉정하게 바라보기 시작했습니다.

첫 번째로 우리의 상황을 냉정하게 파악하려고 했어요. 이를 위해 대화를 굉장히 많이 했고요. 이 과정에서 공동 창업자끼리 정말 많이 싸웠어요. 이때 감정적으로 이야기를 하기보다는 고객에게 초점을 맞춰서 이야기를 했어요. 저의 이야기도 고객의 관점에 대입시켰을 때 맞지 않으면 과감하게 아니라고 결정을 내렸습니다. 저희의 상황과 현재 우리가 생각하는 고객들을 고려해서 접근을 했어요. 제품의 관점에서는 고객의 입장에서 의사결정을 하면서 덜어내려고 했습니다. 하지만 반대로 투자는 그렇게 접근하지 않았어요. 투자를 받으려면 레드 오션에 있는 제품을 가지고 받기는 어렵다고 생각했어요. 세상에 없거나, 기존에 있지만 새로운 가치를 줄 수 있거나, 특허가 있어서 무언가를 바꿀 수 있어야 투자가 이루어지거든요. 저희의 전략은 투자를 받는 쪽이었기 때문에 덜어내는 과정에서도 투자를 받기 위한 요소들은 버리지 않았어요. 그렇다 보니 고객에게 맞춰야 하는 부분도 IR을 위해서는 좀 더 미래적으로 설계한 게 있었죠. 원론적으로는 고객의 입장을 생각해서 제품을 만들라고 하지만, 현실적으로는 투자나 자금 확보가 되어야 하는데 그러려면 너무 고객 입장에서 제품을 만들면 자금 확보가 어렵더라고요. 그래서 투자자들이 좀 더 좋아할 수 있는 방향으로 날카롭게 만들었죠. 디자이너의 마음은 고객의 관점이었지만 저희 회사는 그걸 선택하지 못했고 투자자들의 관점으로 갔다는 이야기를 드리고 싶네요. 어떤 면에서는 전략적이라고 볼 수도 있지만 현실에 타협했다고 볼 수 있죠. 사업은 생존이니까요. 누가 볼 때는 돈을 따라갔다고 할 수 있지만, 결국 생존을 해야 되는 싸움이고 그렇기 위해서는 전략적으로 생각하고 행동 할 수밖에 없는 게 사업이더라고요. 저의 철학과 고집도 중요하지만 새로운 기회가 다른 방향에 있다고 보이면 그쪽으로 달려가는 것이 사업이라고 생각하고 있습니다. 그렇다고 무조건 기회만 보고 달리라는 얘기는 아니에요. 기회를 보고 달리면서도 또 고객에 대한 접점을 놓지 않아야죠. 어쩔 수 없이 살아남으려면 둘 다 챙겨야 합니다. 끊임없이 이상과 현실 사이에서 하나만 선택하지 않고 줄다리기를 해야 하고 그러다 보니 시간이 없어서 잠을 못 자고 그러더라고요. 이게 스타트업이라고 생각합니다. 어느 순간 주말에도 데스크 탑을 뽑아서 집에 가실 거예요.

출처: linkflow.co.kr

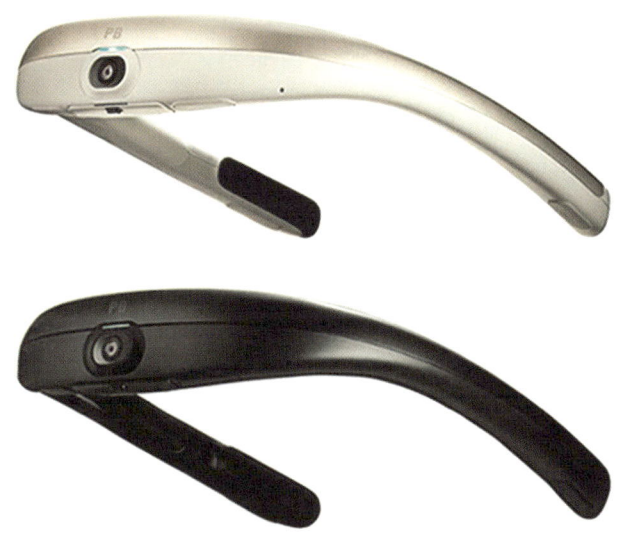

초기에 사업의 방향을 결정할 때 어떻게 하셨어요?

처음에 링크 플로우의 제품은 B2C였어요. 그런데 중간에 저희가 B2B로 바꿨어요. 고객과의 접점을 생각했을 때 B2B에 가까웠고 산업용 제품을 먼저 만들었어요. 기업 쪽으로 전략을 짜는 게 훨씬 더 선명해 보였기 때문에 개발과 디자인에 대한 타임라인을 짤 때 좀 더 쉬웠어요. 저희 제품 안에 TI 칩이 들어가는데 제품을 만들 때 주변에 TI를 설계해줄 수 있는 업체가 있었어요. 사업의 방향을 잡을 때 내 주변에 누가 있는지도 정말 중요하거든요. 다양한 상황들을 냉정하게 고려하다 보니 자연스럽게 아이템과 회사의 방향이 B2B 쪽으로 가더라고요. 저희가 고객에게 제품을 팔고 싶다고 아무리 생각해도 어떻게 접근해야 할지 어떻게 계획을 세워야 할지 모르는데 무조건 시작할 수는 없잖아요. 일단 우리를 도와줄 수 있는 업체가 있고 검토해 줄 수 있는 업체가 있는 방향이 B2B였으니 그쪽으로 계획을 세웠습니다. 이런 방향으로 나아가던 중에 캐논을 만났고, 캐논에서 투자가 들어왔어요.

투자를 많이 받으셨잖아요? 투자에 대한 스토리도 궁금합니다.

일단은 저희 대표님이 IR 쪽에는 뭐가 있는 것 같아요. 워낙 내면에 끌어 오르는 게 많으신 분이세요. 처음부터 막 잘된 건 아니에요. 처음에 구글 엑셀레이터에 들어가려고 했어요. 거기는 심플하게 떨어졌습니다. 거기는 소프트웨어 쪽이 강한데 저희는 제조업이어서 그런지 그대로 떨어졌어요. 그다음에 네이버 D2를 지원하려고 했는데 일정을 놓쳐서 못 했고 롯데 엑셀레이터를 2기를 모집한다 해서 지원했고 롯데에 들어가게 되었습니다. 롯데가 봤던 것은 회사의 아이템에 대한 것도 있지만 저희들의 태도를 보고 왔어요. 저희 팀은 집에 가질 않았습니다. 가라고 해도 안 가고 오늘 봤는데 내일 아침에 출근했는데도 있고 도대체 뭘 하는 건지는 모르겠는데 매일 이렇게 열심히 하는 걸 좋게 보셨어요. 이상하게 생긴 초기 제품을 가지고 정말 열심히 했고 IR 자료를 보면 큰 그림도 있고 B2C, B2B 모델도 있고, 스트리밍 솔루션도 있고 다양한 고민들을 했었거든요. 그때 저희를 보고 노력을 정말 많이 하는구나 어필이 된 것 같아요. 저희의 태도를 보고 회사에 대한 긍정적인 이야기가 내부에서 많이 거론이 되었고 롯데 계열사 쪽으로 소개도 많이 해주셨어요. 그러다가 캐논이 투자 의사를 표시해왔죠. 이런 소식이 롯데 계열 지주 쪽으로 얘기가 들어가면서 롯데 신회장님이 직접 한 번 얘기를 해 주신 케이스가 되면서 얘기가 잘 되었죠. 그래서 그때 그 당시에 이제 투자하려고 했던 데가 네이버랑 몇 개 투자사들이 있었어요. 캐논이랑 연결이 되고 나서 IR도 하고 4~5번 정도 다녀왔고 그 뒤로 시간이 좀 오래 걸리긴 했지만 캐논에서 투자를 받게 되었습니다. 투자를 받을 수 있던 건 결국 저희가 보였던 노력인 것 같아요. 투자자들이 노력을 본다는 게 핵심일 수 있겠네요. 투자사들은 절대 아이템만 보질 않아요. 집에 가는지 안 가는지까지 본다는 걸 보면 다양한 것들을 보고 투자를 하려고 하는 것 같아요. 그때 저희는 정말 안 되는 것들이 투성이라서 매일 싸우고 제품 가지고 어떻게든 해보려고 노력했던 시간이었는데 이런 부분이 어필이 되었다니 감사하고 신기하죠.

회사를 알리는 방법이 따로 있을까요?

그냥 많이 이것저것 해보고 나가보는 것 밖에 없는 것 같아요. 전시를 하든, 투자대회를 나가든, 일단 알릴 수 있는 게 있으면 다 나갔던 것 같아요. 회사 이름을 알리기 위해서 계속 나가서 보여주고 말하고 보여주고 말하고 이렇게 하다 보면 오히려 연락이 오는 경우가 많아질 거예요. 관심 있는데 미팅 한 번 할 수 있을까요 이런 지나가는 말이라도 해주시는데 그러면 또 IR 하고 반복해야죠. 근데 이러려면 아이템 자체가 좀 확실하게 흥미로운 부분은 있어야죠. 단순히 레드오션에 있는 상품들은 투자를 받기에는 특별한 포인트가 있어야 가능하지만 아예 다른 뭔가가 있다면 관심을 끌고 투자 기회를 얻기는 쉬운 것 같아요.

내가 좀 빨리 알았으면 좋았을 것 같다 하는 게 있을까요?

힘들 줄은 알았지만 이렇게 힘들 줄은 몰랐습니다. 농담이고요. 회계나 재무 투자 관련된 것들을 많이 알고 나왔다면 좀 더 좋았겠다 싶어요. 그랬다면 여기까지 오는 게 좀 더 쉽지 않았을까 생각합니다. 단순히 의지만으로는 할 수 있는 건 아닌 것 같아요. 돈을 끌어 올 수 있는 능력을 회사가 갖춰야 하는데 이를 위해서 수반되는 내용들이 있기 때문에 이런 부분들을 미리 알고 준비했다면 더 좋겠다 생각합니다. 아이템 기획부터 회사 운영에 대한 전반적인 것들을 준비했어야 하는데 그냥 열정만 갖고 나오니까 캐논에서 투자를 받았더라도 그 돈을 전략적으로 잘 쓰질 못했죠. 이런 부분들이 저희가 부족했던 것 같습니다. 저희는 정말 모든 것이 새롭다 보니까 더 힘들었죠.

선례가 없는 혁신을 만든다는 것은 정말 힘든 것 같아요. 어떻게 확신하셨나요?

선례가 없기 때문에 더 욱 더 자신의 판단을 믿고 가야 하는 것 같아요. 너무 많은 생각을 하기보다는 그냥 우리가 맞다고 믿는 걸 밀고 나갈 줄 알아야 합니다. 저희 대표님은 그냥 자신이 맞다고 생각하고 질주했어요. 오히려 저희 회사가 지금 버틸 수 있는 어떤 초석이 됐다고는 봐요. 만약에 처음부터 모든 걸 다 분석을 하려고 하고 여러 가지 데이터를 다 끌고 와서 이거 어떻게 할까 고민했으면 생각했던 기획들이 틀어졌을 수 도 있었죠. 남들이 다 욕해도 자기가 생각했던 걸 밀어붙일 수 있는 게 가장 중요한 것 같아요. 이런 용기가 분석보다 더 중요하다는 생각이 듭니다. 그리고 그 용기가 생겼을 때 주변에 이걸 받쳐줄 수 있는 사람이 있는가 도 굉장히 중요한 것 같습니다. 단순히 용기만 가지고 들어간 다는 건 진짜 폭탄을 껴안고 불구덩이에 들어가는 걸 수 도 있잖아요. 나의 주변에 어떤 사람이 있는지, 이 사람들이 나와 얼마나 같이 가줄 수 있는지를 고민해야 하는 게 중요하겠죠. 능력을 따지기보다는 함께 하는 사람들이 정신적으로 나와 맞아야 하는 것 같아요.

이제 이런 것들이 갖춰진 상태라면 분석을 해야죠. 저희의 분석 대상은 360도 카메라 제품이 메인이었습니다. 리코세타나, 고프로 분석을 많이 했어요. 고프로는 지금 매출이 많이 꺾이고 있는 추세였기 때문에 고프로가 처음에 어떻게 성공했는지, 왜 성공했는지 들을 공부를 많이 했죠. 리코세타는 대기업이기 때문에 기술력을 기반으로 시장에 진입할 수 있어서 이쪽보다는 고프로 쪽을 많이 봤던 것 같아요. 그리고 B2B 쪽은 파나소닉의 웨어러블 카메라를 뜯어보고 분석했습니다.

이사님은 흔들렸던 적이 없으신가요?

저는 특히 더 많이 흔들렸던 것 같아요. 나머지 사람들도 많이 좀 흔들렸고 저희 대표님도 흔들렸던 시기가 있었던 것 같아요. 하지만 이 모든 걸 종지부를 찍어줬던 건 ISC미국 전시였어요. 서로 얘기가 많이 나오고 여러모로 흔들렸을 때 어떻게 되든 간에 Working Prototype을 만들자고 했어요. 일단 이거 하기로 했으니까 만들어보자고 결정을 했어요. 그리고 이걸 고객에게 보여줘 보자고 얘기가 됐죠. 이렇게 얘기가 돼서 이걸 들고 ISC 웨스트라는 미국 전시를 나간 거예요. 처음으로 회사 창립 처음 나간 보안 전시회였는데 반응이 너무 좋았어요. 한국관 안에 작은 부스를 받았거든요. 작은 부스에서 제가 제품을 목에 차고 서있었어요. 처음에는 불편했고 어색했죠. 이런 걸 누가 보러 올까 하는 생각도 들었어요. 그런데 첫날 개장하고 점심 지나니까 저희 제품을 보기 위해 사람들이 줄을 서기 시작했어요. 인파가 엄청 몰려서 이게 뭐냐고 물어보시고 전방위로 나오는 카메라라고 하니까 엄청 궁금해하시고 그랬죠. 미국은 보안 쪽이 굉장히 강해요. 바디캠이나 체스트 캠에 대한 수요가 되게 강하고 매출 규모가 엄청나요. 미국인들이 보기에는 저희의 제품이 너무 새로웠던 거죠. 그날 이후로 아무도 이 제품이 될까 말까 하는 이야기는 하지 않았어요.

출처: linkflow.co.kr

정말 만약에 ISC 전시를 안 나가셨거나 한국에서 검증했는데 반응이 안 좋았다면 지금의 링크플로우가 달라졌을 수도 있겠네요

네. 아예 틀어졌겠죠. 이래서 디자이너가 정말 중요하다고 생각해요. 사업을 하면서 아이디어를 내고 앞으로 나아가고 싶어 하는데 디자이너가 이걸 결과물로 만들어주지 않으면 그게 옳았는지 틀렸는지 아무도 알 수가 없어요. 디자이너가 아이템을 어떻게라도 시각화를 해줘야 해요.

플랫폼의 경우도 마찬가지인 것 같아요. 플랫폼일지라도 아이디어를 구현해 줄 수 있는 건 개발자라고 생각하는 경우가 많은데 사실은 개발자가 아니에요. 디자이너예요. 꼭 디자이너가 아니라도 시각화를 해 줄 수 있는 사람이 있어서 그것을 시각화해서 보여줄 수 있어야 돼요. 그게 이제 성공한 기업들을 보면 다 그런 방식이에요. 애플도 마찬가지고. 어떤 하나의 생각이 있으면 그거를 시각화하는 쪽에 빠르게 시간을 투자해서 바로 치고 나가야 한다고 생각합니다. 저희는 ISC 웨스트 나가기 전날 새벽에 목업이 나왔어요. 원래는 회로만 가지고 가려고 그러다가 새벽에 나와서 조립을 하고 그대로 그걸 가지고 비행기를 타고 갔어요. 만약 어떻게든 만들어보자고 의기투합해서 시각화하고 프로토타입을 만들어서 가져가지 않았다면 지금의 링크플로우도 없었겠죠.

소비자 반응을 본 이후에 투자자들을 만나서 추가적인 설득을 하기 위해 노력했던 부분이 있으신가요?

저희는 제품이기 때문에 수백 가지 말보다 제품 하나를 보여주는 게 가장 중요했어요. 그래서 최대한 제품을 완벽하게 만들어가자고 이야기를 했죠. 제품을 딱 보면 제대로 했구나 아니면 대충 만들었구나 하는 느낌이 오잖아요. 그래서 결과물이 괜찮다는 느낌을 주는 게 중요했죠. 그 다음으로 투자자들이 제일 먼저 물어보

는 건 이걸 가지고 얼마큼의 수익을 낼 수 있냐고 물어봐요. 콘셉트도 좋고 아이디어도 좋고 다 좋은데 결국에는 이걸로 얼마를 벌 수 있냐는 얘기를 해줘야 하죠. 이런 질문에 대한 대비가 어느 정도는 되어있어야 해요. 이게 없으면 얘기가 길어지진 못하는 것 같아요. 대규모 투자로 이어지기도 어렵고요. 이 아이디어와 상품을 갖고 우리가 얼마까지 매출을 끌어올릴 수 있는지까지도 고민하는 게 되게 IR인 거죠. 예를 들면 마켓컬리가 하는 비슷한 유형의 서비스를 한다고 하면 마켓 컬리, 쿠팡 같은 회사의 평균치를 내서 우리랑 가장 흡사한 쪽을 선택해요. 그리고 이쪽에서는 초기에는 어떻게 컸고 그 뒤에는 어떻게 컸고 그다음에는 이렇게 됐다는 걸 말해주면서 우리 역시 이런 흐름을 가져갈 거다라고 어필을 하는 거죠. 얘네를 보면 우리의 미래가 얘네다 라는 식으로요. 근데 마켓컬리가 점유율이 높은 시장을 예로 들었다면 이 시장에서 내가 몇 퍼센트를 가져오겠다고 어필을 하면서 설득을 하는 거죠. 우리가 이 시장에서 10%만 가져와도 몇 십억 이다. 우리가 이렇게 확장을 할 것이고 확장을 하다 보면 점점 점유율을 가져오면서 매출을 늘릴 것이다라고 말하는 거죠. 그러다 보면 마켓컬리보다는 더 큰 회사가 될 수 있다 이런 스토리 기획을 하는 것이 중요해요. 실제로 그렇게 되든 안 되든 그 IR 자리에서는 그게 중요한 거예요

리스크나 장애물 맞닥뜨렸을 때는 어떻게 하셨어요?

일단 이런 문제를 해결해주거나 함께할 수 있는 업체를 찾는 것에 주력했던 것 같아요. 모든 문제를 초기 창업자들끼리만 해결할 수가 없잖아요. 그래서 나와 가깝고 이런 문제를 해결해 줄 수 있는 업체를 찾는 게 일단 1순위예요. 함께 하고 싶은 업체들이 만약 돈이 안돼서 안 한다고 하면 설득을 해야죠. 미래를 보여주거나. 그래서 미리 최대한 발로 뛰어서 주변의 업체들도 알아보고 수소문해서 업체 풀을 확보하고 한 번이라도 만나봐야죠. 저희는 이렇게 해결했어요. 저희는 이런 업체

들을 진짜 100곳은 만났을 거예요. 그렇게 만나 뵙고 협력관계를 맺은 업체들하고는 지금도 관계가 좋아요. 주기적으로 만나 뵙고 박카스도 하나 사다 드리고 커피도 한 잔 먹고 발주도 드리고 하면서 유지를 했거든요. 저희는 이렇게 하면서 관계들을 만들고 계속 유지를 했기 때문에 문제가 생겼을 때 도움을 받을 수 있었던 것 같아요. 여러분들도 이런 게 분명 큰 도움이 될 겁니다.

갑자기 조직이 커지셨는데 조직 관리는 어떻게 하셨나요?

원래는 40명이었는데 지금은 28명 이예요. 업무 프로세스가 확립이 되어 있지 않은 상황에서 조직이 갑자기 커지니까 여기저기 문제가 생기더라고요. 어떤 파트에서는 잉여 인력이 생겨버리고 어떤 파트에서는 직원 분들이 굉장히 정신이 없고 직원들이 와서 하는 얘기들이 매일 다 달랐죠. 이런 일을 겪고 나서 조직관리에 대해서 최근에 많이 공부하고 있어요. 저희가 스타트업 답지 않게 팀을 너무 많이 만들었었죠. 마케팅, 디자인, 생산, QC, 소프트웨어 개발, 하드웨어 개발, 경영지원, 회계 등등 삼성처럼요. 조직의 체계가 없이 사람만 커지니까 사람이 많아졌는데도 제가 하는 업무는 하나도 줄지 않았어요. 직원이 많아졌는데도 저는 금요일 저녁마다 데스크톱을 뽑아가지고 집에 가더라고요. 비용은 계속 나가고 있는데 일은 줄지 않고 똑같은 상황이 반복되다 보니 깨달았죠.

저희의 문제를 깨닫게 해 준 건 투자자들이 었어요. 오히려 투자자들이 이렇게 운영했다가 망한다는 걸 강력하게 경고를 주셨어요. 인력 관리라는 건 전문가가 없다 보니까 조직관리에 대한 분야에 눈을 뜨게 되었죠. 좀 더 자세하게 말씀드리면 이런 경우가 있어요. 팀 안에서는 사이가 좋은데 팀 간의 사이가 나쁜 경우가 있고, 팀 간의 사이는 좋은데 또 팀 안에서는 사이가 나쁜 경우가 있더라고. 삼성 다닐 때 한 달에 한번씩 배구하고 축구하고 했던 것들을 우습게 볼 게 아니라고 생각했어요. 회식도 괜히 하는 게 아니더라고요. 회사가 적은 규모일 때는 오히려 이런 것들이 상관이 없어요. 거의 형 동생 할 정도로 친하니까요. 그런데 조직이 커지니까 가까웠던 사람도 이상해지고, 벽이 생겨버리고 그러다라고요. 저희가 급속도로 성장하다 보니 과도기에 있었던 거죠. 그래서 이제는 조직 간의 사이가 말랑말랑하면서도 어느 정도의 장벽이 있게 만들도록 고민을 엄청 하고 있어요. 꼭 내 업무가 아니어도 서로 도와줄 수 있는 게 있잖아요. 하드웨어 개발자랑 소프트웨어 개발자가 있다고 하면 테스트를 할 때 버튼을 눌러 줄 수 도 있죠. 이런 마인드를 갖게 만들어야 하는 것 같아요. 그런데 조직이 서로 내 일이 아니다고 생각하는 순간부터 이상하게 돌아간다는 걸 알았어요. 이번에 큰 경험을 하고 근본적으로 이런 문제들을 끄집어내서 다시 쌓아 올리고 있습니다.

후배 창업자들에게

일단 살아남는 게 중요하다는 말씀을 드리고 싶네요. 실질적으로는 특허를 무조건 확보하라는 말씀을 드리고 싶어요. 특허 확보 다음에는 투자금 확보를 위한 IR, 그다음에 아이템에 대한 세그먼트를 고도화를 잘하셔야죠. 살아남기 위해서 특허가 중요하다고 말씀드리는 건 저희의 경험이에요. 특허가 투자까지 이어지게 된 가장 중요한 매개체가 되었어요. 아무리 얘기가 잘 되어도 결국에는 끝에 가서 진입장벽을 어떻게 세울 것이냐에서 많이 갈리거든요. 이런 부분에서는 저희는 특허로 승부를 봤죠. 우리가 특허를 계속 시도하고 있고 특허도 많이 냈고 미국 등록까지 했다. 글로벌한 특허를 내는 과정이 엄청 힘들고 돈도 많이 들거든요. 처음에는 이게 돈도 안되는데 이렇게 하는 게 맞을까 이런 생각을 많이 했어요. 그런데 1년 넘는 시간을 투자를 해 두니까 확실히 회사를 지탱해주는 버팀목이 되더라고요. 이거는 저희의 관점이고요. 이런 게 아니라도 또 해주고 싶은 말은 계획대로 되지 않아도 실망할 게 없다는 거예요. 말씀드린 전시를 하기 전까지는 대체 이 제

출처: linkflow.co.kr

품이 되냐는 이야기를 수십 번씩 했거든요. 그런데 전시를 나가게 되고 난 다음부터는 모든 게 빠르게 흘러갔어요. 이런 건 계획대로 된 게 절대 아니거든요. 그리고 자기 회사만의 기준은 무조건 있어야 합니다. 흔들리더라도 기준이 있어야 해요. 저희를 예를 들면은 링크플로우는 웨어러블 카메라잖아요. 이건 안 바뀌어요. 절대 바뀌지 않는 대 주제가 필요한 거죠. 한 문장으로 표현할 수 있는 대주제가 머릿속에 다 있으셔어 되고 그거를 토대로 파생하는 거는 상관이 없다고 생각합니다. 결국 저희가 오랫동안 고민을 했던 부분은 우리가 만들어야 하는 제품이 웨어러블 카메라가 맞냐였어요. 이 대전제가 과연 맞냐가 고민이었기 때문에 그토록 피 터지게 싸웠던 거죠. 대주제가 딱 결정되고 나서는 좀 명확해졌어요. 과제나 엑셀러레이터나 어떤 곳에 지원하든 우리는 목에 거는 웨어러블 카메라라는 건 변하지 않았죠.

투자를 받고 난 뒤에는 어떤 일이 있었나요?

저희가 투자받고 망할 뻔한 한 적이 한 세 번 정도 있었어요. 저희가 직원들 월급은 밀리지 말자라는 철학을 갖고 있었거든요. 근데 진짜 월급을 못 드리는 상황이 왔었어요. 딱 월급 일이 15일 남았는데 통장에 돈은 다 떨어졌던 적이 있었어요. 투자가 그렇게 많이 들어왔는데도 그게 다 사라졌던 거죠. 막대한 돈이 들어왔는데 제품 개발하는데 돈을 너무 막 썼어요. 의사 결정을 좀 더 심도 있게 고민했어야 되는데 그러질 못했죠. 이런 부분을 저희가 많이 후회하고 있기 때문에 지금은 돈을 쓰는 결정을 할 때는 공동창업자 4명이 무조건 다 같이 보고 결정하면서 배우고 있습니다. 매출을 내는 것도 중요하지만 매출보다는 아낄 수 있는 방법을 고민하는 것도 정말 중요하는 것을 이번 기회를 통해 배웠죠.

링크플로우의 앞으로의 계획을 듣고 싶습니다.

저희가 어려운 시기를 넘기고 IPO를 NH투자증권이랑 준비를 하고 있습니다. IPO는 쉬운 얘기는 아니지만 내부 년쯤 노력해서 해보자는 정도의 목표가 있어요. 제조로 IPO를 한다는 건 국내에서는 정말 힘든 일이거든요. 한다 해도 힘든 일이고요. 아직도 고민은 되지만 그래도 목표를 하고 있습니다. IPO를 목표로 매출을 내고 그다음에 브랜딩을 해나갈 계획입니다. 현재 진행하고 있는 B2B 모델을 관리 플랫폼 쪽으로 이동하려고 하고 있어요. 보안이나 유지 관리 쪽 플랫폼으로 가려는 시도를 계속하고 있습니다. 지금은 물건 팔기도 힘드니까 1CM씩 나아가고 있습니다.

FIT360 제품은 좀 더 가볍게 만들려고 하고 있습니다. 가격과 기술력을 조금 낮춰서 레드오션 쪽으로 진입하려고 하고 있습니다. 라이더들을 위한 카메라로 새롭게 재론칭을 하려고 준비하고 있고요. 새로운 영역으로 진입하는 것도 여러 가지 장벽들이 있습니다. 저희 제품이 라이더 용으로 만들어진 게 아니다 보니까 테스트를 하는 과정에서 고객들은 바로 알아봐요. 처음에 웨어러블 360 카메라라고 여행 갈 때 쓰라고 했는데 똑같은 카메라를 갑자기 오토바이 탈 때 쓰세요 하면 이거 처음부터 라이더용으로 만든 거 아니라고 피드백을 주시거든요. 요즘 고객들은 그만큼 예민해요. 프로페셔널한 시장은 저희가 접근하기가 힘들어서 범용적인 제품으로 차기작을 준비하고 있습니다

LIKE X CREATIVE
HappyHappy Cake
해피해피케이크

모두가 함께 해피해피하게 즐길 수 있는 디저트
편안하면서도 깊이가 있는 맛
부드러움 속에 강한 임팩트가 있는 디저트
"We hope that our desserts make people happy"

출처: 해피해피케이크 공식 블로그 계정

HappyHappy Cake

김민정 CEO

"

저는 해피해피케이크를 즐거워서 하고 있습니다.
단순히 돈을 벌려고 했으면 아마 못했을 거예요.
저는 반대로 이 일이 너무 좋아서 오래 하고 싶으니까 방법들을 찾았어요.

사업이 알아야 할 것도 많고 머리 아프지만
그래도 재미있게 하셨으면 좋겠어요.

"

브랜드 이름이 굉장히 귀여워요. 해피해피케이크 이름은 어떻게 지으신 건가요?

해피해피 브레드, 와이너리라는 시리즈 영화가 있어요. 이 영화에서 따왔어요. 영화가 시골을 배경으로 엄청 잔잔하고 소소한 이야기들인데 이렇게 즐겁게 살고 싶어서 지었어요.

해피해피 케이크를 어떻게 시작하게 되었나요?

제가 디자인을 했는데 케이크도 굉장히 비슷한 면이 있더라고요. 직접 만든 창작물을 세상에 낼 수 있고 만들면 케이크는 당장 팔 수 있으니까 시작했어요. 좀 더 쉽게 만들고 시장에도 내보이면서 일을 할 수 있다고 생각했어요. 그리고 하다 보니까 재미있던 게 가장 커요. 더 자세히 보고 싶어서 학교도 가고 블로그도 하다 보니까 수요가 있다는 걸 알게 됐어요. 삼성전자를 다니다가 육아휴직을 하게 되면서 취미로 하던 파티시에를 해보면 어떨까 생각했어요. 재미도 있으면서 돈도 벌 수 있으면 좋으니까요. 회사를 다니면서도 조금씩 꾸준히 배웠고 르꼬르동 블루라는 학교도 시간을 내서 다니기도 했고요. 결국 취미로 배우던 게 우연한 계기로 사업이 되어버렸네요.

해피해피케이크 대표님만의 사업적 철학 같은 게 있으신가요?

어떤 사업적인 철학을 가지고 시작하기보다 디저트를 만드는 게 정말 즐거워서 하고 있습니다. 디자이너들 다 비슷하지 않나요? 사업을 하고 있지만 돈을 쫓는 건 아닌 것 같아요. 그냥 정말 하고 싶어서 시작했어요. 재밌으니까요.

처음 해피해피 케이크 가게를 알아보러 다녔을 때 현재 위치한 가게 말고 제가 진짜로 얻고 싶었던 가게가 있었어요. 그런데 월세가 되게 비싸더라고요. 그래서 부동산에 "이건 세가 너무 비싸서 우리 사업이랑 안 맞는다" 라고 말씀드렸어요. 디저트 가게는 주방도 필요하고 사람이 손으로 다 만들기 때문에 평형도 넓어야 했거든요. 그 가게가 좋았지만 이 정도 월세와 재료비를 내고 나면 힘들 것 같다고 말씀드렸어요. 그랬더니 부동산 아저씨께서 그러면 많이 남는 와인 같은 걸 파셔야지 왜 이걸 하시냐고 물어보시는 거예요. 저는 돈을 벌고 싶어서 이걸 하는 게 아니다 보니 아저씨의 질문에 대답을 할 수가 없었어요. 그냥 좋아서 하다 보니까 이렇게까지 온 것 같아요.

디저트는 하나 하나 손으로 만들어야 하기 때문에 인건비가 많이 들고 또 버터나 초콜릿 같은 재료들이 많이 들어가서 재료비의 단가가 높거든요. 그래서 수익이 많이 나지 않아요. 빵이나 커피 쪽은 손이 많이 안 가고 한 번에 많이 만들 수 있으니까요. 오히려 수익구조 면에서는 더 좋은 것 같아요. 그럼에도 불구하고 왜 하냐고 물으시면 정말 저는 즐거워서 하고 있습니다. 즐거운 일을 계속하기 위해서 쿠킹 수업을 많이 해요. 해외에서 유명한 파티시에 분들도 대부분 자기 가게는 로드샵으로 여시고 해외를 도시면서 강의를 하고 돈을 벌어요. 단순히 돈을 벌려고 했으면 아마 못했을 거예요. 저는 반대로 이 일이 너무 좋아서 오래 하고 싶으니까 이걸로 돈을 벌 수 있는 것들을 찾았어요. 그래서 쿠킹클래스부터 온라인 강의도 하고 배송 판매 쪽도 진행하고 있어요.

해피해피케이크에서 진행한 월간 쿠기가 굉장히 인상적이었어요. 어떻게 시작하게 된 건가요?

디저트를 구독 형태로 만들어서 매달 다른 쿠키를 패키지와 함께 보내드리면 어떨까 하는 생각에서 출발했어요. 해피해피 케이크를 만들 때 웬만한 패키지나 인테리어들을 제가 다 했었거든요. 그런데 월간 쿠키를 할 때는 제가 그래픽 디자이너는 아니다 보니까 그래픽 디자이너를 섭외해서 같이 했어요. 그래픽을 네이버에서 일했었고 제가 아이리버 때같이 일했던 후배에게 부탁을 해서 했었거든요. 콘셉트는 제가 잡고 쿠키를 도형화해서 패키지 디자인으로 만들었죠. 월간 쿠키를 기획하면서 그래픽 뿐 아니라 쿠키마다 어떤 텍스처를 낼지 같이 고민해 줬죠. 이런 시도가 신선했는지 네이버 디자인에서도 취재도 해갔어요. 실제로는 가격이 좀 비싸다 보니까 소매로 엄청 많이 팔리진 않았어요. 그래도 사람들의 반응은 좋았죠. 파티시에 분들은 굉장히 신선해하셨고 재미있었던 도전이었어요.

대표님은 제품 디자이너로써 여러 대기업의 인하우스 디자이너로 근무하셨는데요. 인하우스 디자이너와 대표는 어떤 차이가 있는지 궁금해요.
제가 회사를 나와서 창업을 하면서 굉장히 많은 분들의 얼굴이 스쳐 지나갔어요. 죄송하더라고요. 인하우스 디자이너가 정말 편했구나 싶었죠. 그때는 일만 하는 편안함과 즐거움을 몰랐던 것 같아요. 막상 운영을 같이 하다 보니까 어쩔 수 없이 함께 하는 직원분들에게 악역을 해야 될 때도 생기고 어려움들이 많더라고요.

인하우스 디자이너는 운영까지 신경 쓸 필요가 없었는데 지금은 대표로서 계획을 하고 선택을 해야 하는 순간들이 많더라고요. 사업은 결국 돈을 벌고 유지가 되어야 하잖아요. 그러다 보니 직원들과 이야기를 하면서 각자 해보고 싶은 일들이 있고 다양한 아이디어들을 내주시지만 냉정하게 보면 지금 해야 되는 일이 있고 나중에 해야 하는 일이 있더라고요. 진짜 하나부터 열까지 다 해야 하니까 이런 부분이 힘든 것 같아요. 예전에 팀장님이나 저를 이끌어 주셨던 분들의 마음을 알 것 같고 그래요.

출처: 해피해피케이크 공식 블로그 계정

해피해피케이크의 제품들이 다 예쁘고 신선해요. 이런 아이디어들은 어디서 얻으시나요?

저는 원래 제품 디자이너였다 보니까 제가 보는 관점이 이쪽 업계에서 전문적으로 배운 분들과는 다른 게 있는 것 같아요. 디저트를 디자인할 때도 디저트 사진이나 이런 것들만 보는 게 아니라, 제품 사진이나 가구, 인테리어 사진들을 많이 봐요. 그러다 보면 그런 사진에서 영감을 얻어서 재료들을 가지고 시각화를 해보려고 시도를 많이 해요. 그러다 보니 이쪽 업계 분들이 저에게 어떻게 이런 생각을 했냐고 많이들 말씀하시죠. 저는 독특한 것들을 많이 시도해보고 싶어서 다양한 것들을 해보고 있어요. 그러다 보니 해피해피케이크의 디저트를 보면 페이스트리 업계에서는 굉장히 참신하다는 이야기를 많이 들어요. 이런 방향으로 인정을 받다 보니 점점 사명감 같은 게 생기더라고요. 디자이너 출신인 게 좀 드러났으면 좋겠고 남들보다 좀 더 다른 것들을 시도해보려고 노력하고 있습니다. 실제로 세계적으로 유명한 파티시에 분 중에 건축을 하시다가 전향하신 분도 계세요.

또 저는 정말 많이 먹으러 다녀요. 디자인적으로는 좋은 평가를 받지만 한편으로는 제가 전문적으로 맛을 연구한 사람은 아니다 보니까 이런 부분을 채우기 위해 노력하고 있습니다. 이곳저곳 돌아다니면서 다양한 디저트들을 많이 먹고 공부하다 보니 우리 아이들이 디저트를 너무 많이 먹어서 힘들어할 때도 있어요.

아이디어를 실제로 구현하는 게 쉽진 않을 것 같아요. 차별화를 주려다 보면 압박감 같은 걸 느끼시진 않나요?

아이디어를 구상할 때는 굉장히 재미있는데 실제로 디저트로 구현할 때는 압박감이 있긴 하죠. 그런데 그래서 재미있어요. 아이디어를 디저트로 만들어 내면서 시각화뿐만 아니라 맛까지 만들어 내는 거니까 더 재미있는 것 같아요. 독특한 모형을 유지하기 위해서 응고제들을 사용하는데 막상 해보면 잘 안 만들어질 때가 있어요. 또 모양은 만들어졌는데 텍스처가 이상해졌다거나 하는 경우가 많죠. 그런데 이건 열심히 하는 수밖에 없더라고요. 틈날 때마다 실험하고 1번 해볼 거 100번 해보면 원하는 모양과 텍스처가 나오더라고요. 운영도 하고 수업도 해야 하니까 계속 짬 내서 실험하나 보면 결국 되더라고요. 이런 게 재밌고 즐거워서 계속하는 것 같아요. 이러다 보니 회사를 다닐 때보다 일을 더 많이 하는 것 같긴 합니다.

좀 더 빨리 알았다면 좋았겠다 하는 것들이 있을까요?

아무래도 숫자를 보는 능력이죠. 일을 너무 좋아서 하다 보니까 계산을 잘 못했던 것 같아요. 월간 쿠키 같은 경우도. 이 정도 가격이면 당연히 먹겠지 하는 생각을 했었는데 소비자의 관점에서 생각하진 못 했던 것 같아요. 판매자 관점이 아니라 소비자의 관점에서 가격을 조정하고 그 안에서 제품을 만들어야 한다는 것을 배웠죠. 조금씩 이런 부분들을 배워가고 있고 개선하고 있어요. 계속 소비자 관점에서 생각하려고 하고 있고요.

어려운 이야기지만 또 단순하더라고요. 디자인이라는 것 자체가 결국 사는 사람 입장에서 필요한 제품을 만들어줘야 하는 거였는데, 내가 잘할 수 있는 걸 너무 보여줬던 것 같아요. 이런 것들을 배워가면서 이 중심을 잘 맞춰가는 게 성공한 창업가이고 또 디자이너이지 않을까 생각하고 있습니다.

생각보다 창업자들이 이런 실수를 많이 하더라고요. 아이리버 회사를 다녔던 개발자분들도 회사를 나오셔서 창업을 많이 하셨는데 대부분 자기가 잘하는 걸 창업하세요. 그런데 막상 만들어보면 아무도 안 찾아요. 엄청 좋으신 분들이고 훌륭하신 분들인데 회사가 망하더라고요. 저 역시 이런 부분이 초반에 없진 않았던 것 같아서 이런 부분을 좀 더 빨리 알았다면 좋았을 것 같아요. 디저트 시장이 지금은 그래도 많이 커졌지만, 워낙 작았을 때 시작했어요. 그렇다 보니 시장의 반응을 보면서도 우리만의 차별화된 제품을 만들 자하면서 균형을 맞추고 있습니다.

운영 측면에서는 제품을 선정할 때 제품을 만들고 팔았을 때 나오는 이익을 기준으로 의사결정을 하려고 하고 있어요. 이런 부분들이 디자이너였을 때는 쉽게 알지 못하는 부분이었죠. 오히려 그때는 제가 좋아하는 걸 더 많이 하려고 했던 것 같아요. 하지만 무조건 그렇게 하면 안 된다는 걸 알아서 노력하고 있지만 참 어렵네요.

해피해피케이크의 독특한 제품들은 어떻게 만들어지는지 좀 더 자세하게 듣고 싶습니다.

말차 정원 같은 경우는 일본 정원 사진을 보고 정원 느낌이 나는 제품을 하나 하고 싶다고 생각해서 출발했어요. 말차 정원처럼 어떤 외형에서 아이디어를 얻어서 출발하는 것도 있지만 반대로 재료에서부터 출발하는 경우도 있어요. 예를 들어 새로 나온 쑥 가루 중에 괜찮은 제품이 있어서 재료를 사서 먹어 본 다음 이 쑥을 이용해서 제품을 만들고 싶어서 시작하는 경우도 있고요. 또 디저트를 만드는 몰드를 새롭게 활용해보면서 만들기도 해요.

예를 들어 99% 커피 모양의 제품을 만들어내는 몰드가 있다고 하면 저는 이 몰드를 다르게 활용해서 쌀 느낌이 나는 디저트를 만들었어요. 외국에서는 커피 느낌을 내려고 사용하는 몰드지만 저는 이걸 다르게 사용하고 싶어서 쌀 느낌의 디저트를 만들어보고 하는 거죠. 이런 식으로 다양한 방식으로 새로운 것들을 만들어보고 있어요. 이러다 보니까 제가 직접 저만의 몰드를 제작해보고 싶은 욕심도 있지만 또 그러면서도 이런 것까지 내가 할 수 있을까 고민하고 있습니다.

해피해피케이크는 블로그와 인스타그램을 주 마케팅 채널로 사용하고 계시잖아요? 어떤 전략이 있는지 궁금합니다.

회사 다닐 때 블로그가 취미였어서 자연스럽게 연결된 것 같아요. 그리고 인스타그램은 사람들이 음식 사진을 인스타그램으로 많이 찾아보시고 하셔서 이쪽 채널에도 집중하고 있어요. 이제는 유튜브를 해야 한다고 하셔서 이쪽을 해보려고 하고 있는데 쉽지는 않네요.

아무래도 인스타그램은 사진 기반의 채널이다 보니까 사진에 신경을 많이 써요. 제품을 잘 표현할 수 있는 사진을 찍으려고 구도를 잡거나, 다양한 조건들을 맞춰서 사진을 찍어요. 까눌레를 예를 들면 일부러 검은색 배경에 클래식한 느낌을 강조해서 사진을 찍어요. 매번 그 제품에 어울리는 콘셉트로 사진을 찍고 그런 사진들을 많이 찍어두고 계속 활용하는 거죠. 제품을 하나 개발하고 그 아이가 나오면 이제 그 제품과 어울리는 빛과 콘셉트를 잡아요. 여기저기서 제과하시는 분들이 어떻게 사진을 찍냐고 여쭤보세요. 사진 작가가 따로 있으시냐고 물어보시기도 하고요. 그런데 저는 그냥 제가 다 찍거든요. 이런 감각은 제품 디자이너를 하면서 생긴 것 같아요.

출처: 해피해피케이크 공식 인스타그램

제가 삼성에 입사하기 전에 아이리버를 다녔어요. 아이리버는 회사가 작았기 때문에 디자이너인 제가 목업을 하고 목업 사진까지 다 찍었어요. 제가 찍은 사진을 바로 웹사이트에 올라가고 그러다 보니까 그때 손 모델도 하고 직접 사진들도 찍어보면서 감각들이 생긴 것 같아요. 그리고 학생 때도 제품 디자이너들은 목업 하고 자기가 직접 사진 많이 찍잖아요. 그런 것들이 사업적으로 자연스럽게 연결이 되는 것 같아요. 작은 조직에 있었을 때는 삼성과 다르게 전체 프로세스들을 다 고민했어야 했어요. 그러다 보니 콘셉트까지 제가 다 생각했어야 했는데 그때 배운 것 같아요.

대표님만의 고객 반응을 살피는 방법이 있을까요?

제가 직접 채널들을 운영하다 보니까 이런 채널을 통해서 고객 반응을 봐요. 블로그나 인스타그램에 제품 사진을 올리면 이건 잘 팔리겠다, 아니겠다가 바로 보여요. 좋아요 수나 댓글 같은 것들을 보면 별거 아닌 것 같지만 이런 분위기가 나타나더라고요. 이런 것만 보더라도 내일부터 제품을 팔았을 때 손님이 몰리겠다는 걸 알 수 있는 것 같아요. 반대로 이건 좀 아니겠다는 느낌을 받는 제품도 있어요. 그럴 때는 신제품을 다시 내서 바꿔주거나 분명 인기가 있을 제품이라고 확신이 들면 밀어붙이기도 해요. 사진으로 봤을 때랑 실제로 먹어봤을 때랑 다른 제품들도 많기 때문에 이런 것들을 다 고려해서 전략을 짜죠. 첫인상이 별로인 제품이 있으면 지속적으로 홍보를 해서 밀어주기도 하고요. 마케팅 전략이라고 거창하게 말할 건 없어요. 그냥 인스타그램에 올리는 정도죠.

전략보다는 오히려 올드해 보이지 않으려고 노력을 많이 합니다. 젊은 친구들에게 요즘 유행어도 물어보고 어떤 말을 써야 하는지도 물어보고 그래요. JMT 이런 말들. 이런 것들도 어찌 보면 고객 관점에서 접근하는 거죠. 채널을 보는 고객들의 나이가 어리기 때문에 저의 감성대로 글을 쓰면 소통이 되질 않으니까 이런 것들을 계속 배우려고 젊은 분들의 이야기를 많이 들으려고 노력해요.

또 꾸준히 트렌드에 대한 조사도 하는 편이에요. 운동하시는 분들이 생각보다 디저트에 관심이 많으시더라고요. 치팅 데이라는 날을 정해두고 일주일 동안 열심히 운동하고 식단 조절하신 다음에 보상해 주는 날이 있는데 이런 날 디저트를 많이 드세요. 이런 것들에서 기회를 보고 맞춰서 홍보를 하고 있습니다. 처음에는 홍보대행업체도 많이 찾아보고 했지만 돈만 들고 별 도움이 안 되더라고요. 그래서 이제는 그냥 좋은 제품을 만드는 것이 가장 중요하다고 생각하고 있습니다. 좀 더 독특하고 새로운 것을 보여주면서 해피해피 케이크만의 브랜드를 구축하는 걸 중요하게 생각하고 있어요.

대표님은 고객과의 소통을 굉장히 잘하시는 것 같아요. 소통을 위해 노력해야 할 부분은 무엇일까요?

자신을 좀 드러내야 하는 것 같아요. 저는 저를 드러내는 걸 별로 안 좋아하는 성격인데 요즘에는 제 사진도 올리고 좀 더 채널에서 사람의 느낌이 나게 만들려고 하고 있어요. 저는 제품 사진만 보여주려고 했었는데 요즘은 사람 느낌이 나는지 아닌지가 굉장히 중요한 것 같더라고요. 결국 나 자체가 브랜드가 되어야 하는 것 같아요. 자신의 제품을 보여주는 것도 중요하지만 이제는 그런 방식은 한계가 있는 것 같아요. 비주얼적으로 자신이 있고 없고 가 중요하기보다는 자신만의 개성이 있기 때문에 좀 편한 마음으로 나를 고객에게 드러내려고 하는 소통 방식이 중요하다고 생각합니다.

대표님만의 사업 노하우가 있다면 어떤 게 있을까요?

뻔한 이야기일 수도 있지만, 저는 시간을 굉장히 쪼개서 쓰려고 하고 있어요. 오래 같이 일을 한 직원분들에게는 이제 제가 만든 제품들을 직접 생산하시는 걸 맡기고 저는 새로 레시피를 개발해요. 그리고 시간을 쪼개서 바쁘더라도 새로운 것들을 계속 배우고, 또 책을 계속 쓰고 있어요. 지금 당장 수익이 많이 나는 건 절대 아니지만 나중을 위해서 대비하는 거죠. 책을 내면 학생들이 보고 또 직장 다니시면서 나중에 이쪽 업계로 전향하고 싶어 하는 분들이 보고 수업에 찾아 오시더라고요. 이런 경험을 하다 보니까 다양한 일을 하려고 하고 있습니다. 1년 중에 한 7 ~ 8개월 정도는 수익을 내는 것에 투자를 한다고 하면 3개월 정도는 신제품을 개발하는 형태예요. 그리고 나머지 한 달 정도는 빼서 나중을 위해서 책을 쓰고 새로운 걸 배우기도 합니다.

대표님이 최근에 고민하고 계신 게 있으신가요?

코로나 때문에 세상이 정말 많이 바뀌었잖아요. 저는 오프라인 수업을 많이 했었는데 코로나 때문에 원격 수업으로 많이 돌리고 있어요. 원격 수업 수요가 많아져서 저희 홈페이지도 원격 수업을 위해서 다시 만들었어요.

패스트캠퍼스에서 새로 론칭한 콜로소라는 브랜드에서도 수업을 진행하고 있어요. 환경이 변한 만큼 주 수입원이었던 수업을 오프라인이 아닌 원격으로 전환하고 싶어서 고민을 많이 하고 있습니다. 하지만 아무래도 클래스 특성상 재료의 텍스처들이 정확히 보여야 해서 영상의 화질이나 조명 같은 것들이 되게 중요해요. 이런 부분은 오프라인보다 한계가 있는 것 같아서 촬영팀을 꾸려서 원격 강의 쪽을 잘 만들어보려고 준비하고 있습니다.

디자이너 창업가에게 하고 싶은 말

사업에 대해서 대단한 이야기를 해주지는 못해요. 저도 배우고 있습니다. 하지만 재미있게 하는 게 중요한 것 같아요. 시작하시면 정말 알아야 할 것들이 많고 머리도 아프고 모든 게 새롭고 처음일 텐데, 그래도 즐겁게 하려고 하는 게 저는 중요하다고 느끼고 있습니다. 제가 즐거워야 함께 하는 직원이 즐겁고, 그래야 고객들에게도 이런 감정이 전달될 테니까요. 매일매일 고민하고 새로운 도전이 두렵지만 그래도 우리 같이 힘냈으면 좋겠어요. 해피해피하게

VISION X LEADERSHIP
WORKLUM
워크룸

워크룸은 공유오피스는 물론 스터디룸과 패밀리룸까지 프라이빗 공간 특화 공유오피스입니다.

출처: worklum.com

WORLUM

윤여완 CEO

"

사업을 한다는 것은
다양한 가치관의 사람들이 모여
공동의 목표를 향해 힘을 모으는 것인 만큼

팀을 구성하는 데 있어
사업의 비전에 대한
확실한 공감대 형성이 필수적입니다.

"

삼성전자 수석디자이너와 그룹장을 하시면서 개인사업을 해야겠다고 생각한 계기가 있으신가요?

이 질문에 대한 답은 디자이너라는 직업의 본질과 맞닿아 있습니다. 아니 좀 더 깊게 들어 간다면 모든 인간의 욕망과도 연결이 되겠군요. 인간은 모두 자신만의 물리적, 정신적 환경을 구축하기를 원합니다. 물질적인 것을 떠나 신체를 감싸는 일정한 공기 중의 영역을 프라이빗한 공간으로 존중받기를 바라는 것처럼요. 디자이너의 직업적 성격은 디자이너마다 다르겠지만 아마도 많은 디자이너들에게는 '나를 위한 디자인'을 하고 싶다는 잠재의식과 본능이 디자인이라는 행위 저변에 자리 잡고 있을 겁니다.

저의 경우 삼성전자의 수석 디자이너이자 크리에이티브 디렉터로서 PC 사업 부문의 디자인 전략, 원형 및 상품화 디자인 개발, 생산에 이르기까지 10조 원 규모 비즈니스의 디자인 팀을 총괄 운영하면서 행위로써의 디자인과 디자인 경영의 실체적 가치를 온몸으로 경험을 했습니다. 당시는 PC 사업의 글로벌 비즈니스화가 가속화되던 역동의 시기였고 이러한 시기를 인하우스 디자이너로 함께 하며 성장했다는 것은 저에게는 커다란 행운이었습니다. 동시에 기업 경영에 있어 디자인이 사업의 전략적인 파트너로서 평가받게 되면서 디자인팀의 조직도 전략, 원형 디자인, 라인업 디자인, CMF 등으로 세분화되는 등 글로벌 한 규모의 비즈니스에 최적화된 형태로 빠르게 발진해 나갔습니다. 세계적 수준의 디자인 결과물, 정량적으로 증명된 디자인의 경영적 성취 그리고 디자인에 열정적인 우수한 팀원들 등 명실공히 삼성 디자인의 역사에 있어 정점에 이르렀던 것이죠.

그런데 아이러니하게도 기업의 인하우스 디자이너로서 주목할만한 성취를 이루었던 그때 윤여완이라는 한 개인 디자이너로서의 삶과 정체성에 대한 깊은 생각을 하게 되더군요. 지금 나는 누구를 위한 디자인을 하고 있고 디자이너로서 이 사회에 대한 어떠한 역할을 하고 있는가. 조직 내에서 디자인 의사결정에 대한 리더십을 가지고 있더라도 결국 그건 나를 위한 디자인이 아니었어요. 철저히 상업적이고 경쟁적이며 몸담고 있는 브랜드를 비즈니스를 위한 것이었습니다. 결국 제 개인의 디자인과 비즈니스를 위해 삼성을 떠나기로 결정했는데 결코 쉬운 결정은 아니었죠. 디자이너에게 대단히 매력적인 직장이기도 했지만 특히 삼성이라는 기업에 대한 잠재된 애사심이 퇴사를 결정하는 데 있어 큰 어려움으로 작용했습니다.

이후 디파이닝이라는 산업디자인 전문회사를 열어 현재까지 운영하고 있고 공간 기반 비즈니스에 대한 가능성을 확인하고 워크룸이라는 공유 오피스를 런칭하게 되었습니다. 퇴사 이후 디자인의 대상을 오브젝트에서 공간으로까지 확장하게 되면서 자연스럽게 공유 경제의 흐름에 연결된 것이죠. 최근에는 라이프스타일 분야로 진출을 위해 가구 브랜드 런칭을 준비하고 있습니다. 덕분에 매우 바쁜 나날을 보내고 있어요.

삼성에서 유능한 많은 디자이너들을 이끄셨는데, 디자이너들을 이끄는 리더들은 어떤 리더십을 가져야 할까요?

사실 리더십이라는 것은 시대에 따라 그 정의와 기능 그리고 역할이 달라져 왔기에 특정해서 설명한다는 것은 매우 어려운 일입니다. 그리고 동시대에 있어서도 리더의 개인적인 가치관과 철학, 커리어적 배경에 따라 다양한 형태로 나타나고 있어요. 삼성에는 많은 디자인 조직이 있는데 리더의 교육적, 커리어적 배경에 따라 디자인 리더십과 조직의 문화가 크게 달라지는 걸 목격할 수 있었습니다. 그럼에도 불구하고 중요한 한 가지를 꼽는다면 역시 '공감력'이라고 생각합니다. 대다수 디자이너 역시 다른 직업군처럼 직장인으로서 살아가지만 역시 직업의 특성에서 나오는 개인 중심의 성향들은 무시할 수 없습니다. 그리고 이 개인성은 디자이너라면 당연히 가져야 할 기본적 자질이기도 합니다. 따라서 디자인 리더십의 핵심은 이러한 개인적 성향들을 어떻게 공동이 지향하는 지점으로 이끌어 나가느냐에 달려 있습니다. 바로 이 지점에서 리더의 공감력이 커다란 역할을 합니다.

하지만 디자인 리더의 공감력을 단지 감성적인 측면에서만 바라보면 안 됩니다. 디자인 리더십은 필연적으로 실력이 기반이 되어야만 높은 수준으로 발현될 수 있습니다. 즉, 디자인 조직의 리더는 기본적으로 매우 높은 수준의 실무적 역량과 경험을 갖추어야 한다 는 것입니다. 그렇지 않은 리더의 공감은 아이디어의 아무 의미 없는 수용일 뿐입니다. 리더의 디자인에 대한 비전, 옳은 것과 옳지 않은 것을 판단할 수 있는 가치관 그리고 조형을 다루는 우수한 역량이 있을 때 비로소 디자인 리더십은 제 역할을 할 수 있습니다. 리더의 인성만으로는 좋은 리더는 될 수 있을지 모릅니다만 절대 탁월한 리더는 될 수 없습니다. 적어도 디자인의 세계에서는 그렇다고 생각하고 있습니다.

디자이너 출신 창업가들이 많아지는 것 같습니다. 디자인이 사업에 미치는 영향이 있다면 어떤 것이라고 생각하시나요?

이 부분에 대해서는 먼저 명확히 짚고 넘어가야 할 것이 있습니다. 창업에도 다양한 종 류가 있으니까요. 폭넓게 보자면 디자이너의 창업은 아마 다음의 세 가지가 가장 보편적인 모습일 것입니다. 먼저 전문적인 디자인 서비스와 컨설팅을 제공하는 디자인 회사, 두 번째로는 다양한 직군의 전문가들이 모여 창업을 하고 디자이너는 공동창업자로서 회사의 크리에이티브를 책임지는 형태 그리고 마지막으로는 디자이너가 기업의 오너로서 창 업을 하고 고용인으로서 타 분야 전문가들을 채용해서 운영하는 케이스가 있습니다. 이 번 질문에 해당하는 창업의 형식은 아마 세 번째 모습이 되겠지요. 그리고 좀 더 확장한다 면 두 번째의 형태도 같은 범주에 포함될 것입니다.

사실 디자이너들의 창업은 비단 최근의 일만은 아닙니다. 우리의 선배들도 디자인 서비스업에서 안정적 성과를 이룬 이후 그들의 로망이자 모든 디자이너의 꿈이라 할 수 있는 독자적인 제품 개발에 많은 투자를 해온 것이 사실이고 이러한 작은 도전의 역사 속에서 지금과 같은 주목할 만한 창업의 성과가 만들어진 것이라고 생각합니다. 마치 BTS의 글 로벌 한 성공의 저변에 원더걸스, 레인, 소녀시대, 빅뱅 같은 선배 아티스트들의 힘겨운 도전들이 자리하고 있는 것처럼 말이죠. 다만 최근에 디자이너 출신 창업이 사회적으로 이슈가 되고 많은 디자이너들이 지속적으로 창업의 세계로 유입되는 것에는 두 가지 이유 가 있습니다.

먼저 최근 약 10여 년 사이에 디자이너가 창업한 다수의 회사들이 글로벌 한 규모로 성장한 것을 주목해야 합니다. 물론 이러한 사례의 대부분은 해외 디자이너의 성과입니다만 지금과 같이 국경의 장벽이 허물어진 초 연결, 초 수평적 환경에서는 그들 의 성공이 매우 가깝게 느껴지게 되며 다양한 정보의 유통 채널을 통해 쉽게 접해지게 됩니다. 동시에 국내에서도 대단히 성공적인 디자이너 창업의 사례들이 만들어지면서 점차 창업의 진입장벽은 낮아지고 있습니다. 그래픽 디자이너 출신인 김봉진 대표가 만든 '우아한 형제들'이 대표적인 회사이죠. 그리고 앞으로 우아한 형제들 규모 이상으로 성장하는 디자이너 창업 회사들이 많이 등 장할 것으로 예상됩니다. 지금 이 시간에도 많은 디자이너들이 다양한 분야에서 창업을 하고 있으며 그 숫자만큼 유의미한 성공을 이루는 사례들도 빠르게 증가하고 있습니다. 사회적으로 이러한 작은 성공들이 지속적으로 축적되면서 커다란 에너지가 만들어지는 한편 사업의 안정적 성장을 견인하는 자본의 유입도 크게 증가하면서 과거와는 완전히 다른 비즈니스 환경이 만들어지고 있기 때문에 매우 큰 기대를 하고 있습니다.

디자이너 창업에 대한 이러한 기대에는 이유가 있습니다. 저는 디자이너의 직업적 특성과 제품 구매자들에게 보이는 소비 패턴의 변화가 절묘하게 연결되어 있다는 점에 흥미를 가지고 있습니다. 수요보다 공급이 넘치는 지금의 시장에서 소비자들은 제품과 서비스 그리고 브랜드의 선택에 있어 높은 주도권을 가지며 스스로의 취향에 맞는 것들을 찾아서 소비하는 프로슈머적인 성향을 가지고 있습니다. 반대로 디자이너들은 그 어떤 직업인보다 그 직업적 행위의 당위성을 사용자와 사용 환경에서 찾으려 노력하는 특성을 가지고 있어요. 따라서 디자이너가 만든 회사의 제품과 서비스에는 사용자를 향한 진정성이 보이고 지금의 소비자들은 자기들을 배려한 회사의 제품과 서비스를 찾는 행위에 시간을 아끼지 않고 결국은 발견하게 됩니다. 그들에게 있어 소비는 단순히 돈을 지불하고 물건을 교환하는 사전적 의미를 넘어 소비자와 브랜드 간의 감정적 교류에 가까운 것입니다. 역시 디자이너들은 이러한 감정적 커뮤니케이션을 이끌어 내는 데 있어 탁월한 역량을 가지고 있는 것이지요.

창업가가 가져야할 마음가짐에 대해 해주고 싶은 말씀이 있을까요?

글쎄요, 너무 많은 얘기들이 생각나는데 이 질문에 대한 답은 중국의 기업인으로 '푸야오 유리'를 창업한 차오더왕 회장이 얘기한 기업가의 3가지 책임이라는 말로 대신해 보겠습니다. 제게는 커다란 울림이 있었던 말인데 이 글을 읽는 여러분에게도 도움이 되고 기업과 창업가의 책임에 대해 생각해 볼 수 있는 계기가 되었으면 합니다. 이 말은 푸야오 유리 본사 빌딩에 있는 표어이기도 한데 그래서인지 문장이 다소 딱딱하게 느껴질 수는 있습니다. 기업가의 3가지 책임 : 1) 국가는 당신으로 인해 강대하다. 2) 사회는 당신으로 인해 발전한다. 3) 국민은 당신으로 인해 풍족하다. 차오더왕은 기업가가 되고 싶으면, 그리고 성공하고 싶으면 반드시 이 세 가지를 명심해야 한다고 말했습니다. 즉, 당신이 하는 투자, 그리고 당신이 하고 싶은 것은 반드시 국가가 필요하고, 사회가 필요하며 사람이 필요한 것이야 한다는 것입니다. 사실 많은 기업인들이 이것과 유사한 표현들을 많이 했습니다. 그만큼 본질적이고 중요한 얘기일 텐데 역시 핵심은 돈을 위한 창업을 피해야 하고 사회에 도움이 되며 사람들의 삶의 질을 높이고 풍요롭게 할 수 있는 제품과 서비스를 만들어야 한다는 것이죠.

브랜드를 만들고 운영하는 과정에서 준비했던 것들과 기억에 남는 대표님만의 에피소드가 있다면 어떤 게 있을까요?

저의 경우 디자이너로서 제품, 가구, 공간 그리고 건축 등 물리적 환경을 구성하는 다양한 오브젝트들에 관심이 많았고 디자이너로서의 경험과 전문성에 기반하여 다양한 업계, 업종으로의 진출을 지속적으로 모색해 왔습니다. 그냥 그런 시간들이 너무 좋았어요. 물론 디자인 오피스를 운영하는 데 있어 거의 매일 마주하게 되는 현실적인 문제들을 풀어 나가기 위해 상당한 에너지의 소비가 필요했지만 그럼에도 독자적인 브랜드를 만들고 더 많은 사람들이 저의 디자인을 경험할 수 있도록 비즈니스를 확장하는 미래의 그림은 꾸준히 그려왔어요. 여러분도 지금의 현실이 팍팍하다고 해서 여러분이 이루고 싶고 도달하고 싶은 미래에 대한 플래닝과 리서치 그리고 구체적인 시각화를 절대로 멈춰서는 안 됩니다. 우리의 잠재력은 우리가 생각하는 것보다 훨씬 크며 미래의 모습을 시각화하는 행위는 목표 지점에 도달하는 시간을 앞당겨 줄 수 있기 때문입니다. 공간 기반의 비즈니스와 브랜드 중 공유 오피스를 먼저 시작하게 된 이유는 제가 삼성전자 퇴사 이후 잠시 이용했던 공유 오피스에 대한 경험과 빠르게 확장하던 공유 경제에 대한 개인적 관심이 있었기 때문입니다. 그리고 그즈음 평소 건축, 부동산, 사업에 대해 좋은 의견을 교환하던 지인과 이야기를 나누던 중 함께 비즈니스를 시작해 보자는 의기투합을 하게 되었고 이후 지금의 워크룸이 탄생하게 되었어요.

저는 실제 입주사로서 공유 오피스를 경험해 보았고 다양한 공유 오피스 브랜드들을 방문하고 조사하는 동안 그 시장에 대한 이해도를 높이고 상품기획 측면에서의 기회요소들을 확인할 수 있었죠. 그리고 편한 지인의 관계에서 사업의 파트너로 입장이 바뀌게 된 지인은 오피스 운영에 대한 전체적인 밑그림을 그려 나갔습니다. 중요한 의사결정은 함께 하되 회사 내에서의 역할은 분명히 구분함으로써 서로 힘이 되어주는 동시에 느슨해지는 것을 방지하기 위한 어느 정도의 긴장감은 유지하도록 했습니다. 그리고 에피소드라고 하기엔 그렇지만, 워크룸 1호점의 자리를 알아보던 과정에서 작은 배움의 계기가 되었던 일이 있었죠. 당시 1호점 출점의 입지와 자리를 놓고 많은 후보지와 건물, 상가들을 보러 다녔습니다. 파트너와 저 모두 부동산이라는 플랫폼에 관심과 정보가 많다 보니 입지를 놓고 이견이 많았어요. 사실 코로나로 임대 시장의 경기가 좋지 않던 시기여서 대부분의 자리들이 임차인 입장에서 비교적 좋은 조건으로 선택할 수 있었던 상황이었는데 결론적으로 저희는 상대적으로 최악의 선택을 하게 되었습니다. 의사결정이 늦어지면서 저희가 보았던 좋은 자리들이 빠르게 주인을 찾아가더군요. 그 결과 저희는 어쩔 수 없이 권리금이 있는 자리를 선택할 수밖에 없었습니다. 권리금 없는 자리가 넘치는 코로나 시대에 권리금이라니. 지금에서야 이렇게 웃으며 그때를 회상하지만 그 당시엔 정말 힘들었어요. 계획에 없었던 비용 지출이 힘들었다기보다는 그렇게 된 과정에 대한 반성과 후회가 컸죠. 이제는 지나간 일이기도 하고 그 일을 통해서 기업 운영에 있어 속도 감각의 중요성에 대한 커다란 배움이 있었기에 긍정적으로 생각하려고 하고 있습니다.

출처: worklum.com

사업을 성공시키기 위해서는 어떤 것을 중요하게 바라봐야 할까요?

아직 사업가로서의 경험이 부족한 제가 감히 언급할 주제는 아닌 거 같네요. 국적과 나이를 떠나 영감을 주는 훌륭한 기업가들이 너무나 많으니까요. 그리고 저는 바로 지금 이 순간에도 작은 성취를 지속시키기 위해 마치 거위처럼 수면 아래에서는 빠르게 발길질을 하고 있습니다. 비록 수면 위에서는 아무 일 없는 것처럼 행동하지만요. 그럼에도 성공을 향해 달려가는 한 사람의 창업가 입장에서 사업의 성공을 위해 너무나 많은 중요한 것들을 확인할 수 있었습니다.

그중에서 저는 다음의 세 가지를 가장 중요하게 생각합니다. 1) 사업으로 이루고자 하는 비전의 구체화. 2) 그 비전의 적극적인 대외 홍보. 3) 역시 그 비전을 함께 나눌 수 있는 동종 업계의 경험이 있는 비즈니스 파트너를 참여시킬 것. 명확한 비전이 선행되어야 나머지 두 개의 조건이 채워질 수 있다는 점에서 역시 사업의 첫 단추는 창업가의 비전에서 만들어진다고 봐야 합니다. 그런데 놀랍게도 많은 창업가가 비전의 중요성을 이해하지 못하거나 아이템의 콘셉트를 비전으로 오해하는 경우가 많더군요. 비즈니스의 구조에서 콘셉트는 비전에 비해서는 상당히 하위에 위치하게 됩니다. 이 두 가지는 절대 동일한 레이어에서 비교될 수 없고 비교되어서도 안됩니다. 두 번째 홍보의 중요성에 대해서는 더 이상 설명이 필요 없을 거 같습니다. 그리고 세 번째 요소가 매우 중요한데 이 역시 많은 창업가들이 간과하고 있는 것이 사실입니다. 경험이 없는 분야에 진입해서 사업을 전개해 나가면서 동종 업계 경험이 있는 파트너 또는 스태프와 함께 하는 것의 중요성을 모른다면 필연적으로 그 성공은 기약할 수 없는 것이 되어 버립니다. 워크룸 역시 동종업계 전문가를 컨설턴트로 영입하여 창업 초기부터 운영에 이르기까지 커다란 도움을 받았고 사업의 안정화에 매우 빠르게 도달할 수 있었습니다.

주변에서도 창업 이후 정상궤도에 빠르게 안착한 기업들을 보면 해당 업계 인력을 스카우트하여 초기부터 핵심 자원으로 활용한 사례들이 많습니다. 이점은 사업을 준비하시는 여러분들이 꼭 기억해 주셨으면 합니다.

공유 오피스 워크룸을 만드시면서 가장 고민했던 것은 무엇인가요?

새로운 디자인 프로젝트나 사업을 시작하는 데 있어서 그 디자인 대상과 사업의 본질에 대해 깊이 파고들어 나름의 결론을 만들어 내는 것이 필요하다고 생각합니다. 물론 본질에 대한 해석은 사람마다 다르겠지만 그 과정을 통해 사업을 시작함에 있어 의미 있는 한 발을 내딛을 수 있음을 부정하기는 힘듭니다. 왜냐하면 본질을 정확히 이해할 수 있어야 비로소 해결해야 할 진정한 문제에 다다를 수 있기 때문입니다. 워크룸을 기획하면서 항상 중심에 놓았던 것은 바로 사람이었습니다. 저는 다국적 브랜드이든 국내 브랜드이든 현존하는 대부분의 공유 오피스 브랜드들이 공용 공간의 화려함 과부가적인 서비스에 집중하는 사이 정작 그 공간을 이용하는 사람은 철저히 외면당하고 있음을 발견하게 되었어요. 여러 브랜드들이 공유 공간의 경쟁에만 사로 잡혀있는 동안 이용자가 사용하는 독립적인 공간에 대한 배려는 전혀 없었던 것이죠. 화려한 리셉션, 로비 그리고 라운지 공간을 지나 독립 오피스 존으로 들어가면 마치 감옥과 같이 좁고 답답한 공간들이 빽빽하게 들어서 있는 형태가 공유 오피스들의 전형적인 모습이었습니다. 바로 이 지점이 저희 브랜드의 출발점이었어요. 그 누구도 문제라고 인식하지 못했던 것에 의문을 가지고 깊이 들여다본 후 우리가 풀어야 할 본질적인 문제라고 정의했던 것이죠. 워크룸의 기획과 설계부터 콘셉트의 중심에는 이용자가 있었어요. 그런 의미에서 워크룸은 세계 최초의 독립 공간 특화형 공유 오피스라고 생각합니다.

우리는 동일 인실 기준으로 최대 수준의 넓은 공간을 제공하고 있습니다. 심지어 독립 공간 내에서 소규모의 미팅은 물론 지인과 차 한잔하며 대화할 수 있는 정도의 여유로운 공간이지요. 비록 작은 변화로 보일 수 있으나 공유 오피스 업계에선 이건 커다란 진보이고 우리의 움직임을 계기로 이후에도 더욱 긍정적인 변화가 이어지기 기를 기대하고 있습니다.

대표님이 생각하는 좋은 브랜드란 어떤 것일까요?

좋아하는 자동차와 음식이 바뀌어 온 것처럼 좋은 브랜드에 대한 생각도 계속해서 달라지는 것이 사실입니다. 특히 기업에 고용된 입장인 인하우스 디자이너로 생활할 때와 독립해서 직접 제 사업과 브랜드를 전개해 나가는 기업인으로서 생각하는 브랜드는 많은 차이가 있어요. 브랜드에 대한 제 개인의 생각을 얘기하기 전에 브랜드라는 단어의 사전적인 의미와 어원을 살펴보는 것도 좋을 거 같습니다. 사전적인 의미 중 좀 더 확장된 개념의 브랜드(Brand)는 특정한 경제적인 생산자를 다른 생산자와 구별하는 지각된 이미지와 경험의 집합을 의미하고, 좁게는 어떤 상품이나 회사를 나타내는 상표, 표식 정도로 설명이 가능합니다. 그리고 브랜드의 유래를 알아보기 위해서는 고대 그리스와 로마 시대까지 거슬러 올라가야 합니다. 당시 대부분의 사람들이 문맹이었고, 따라서 상점 주인들이 자신의 물건에 차별화를 두기 위해 제품의 특징을 나타내는 어떠한 이미지를 상점 앞에 걸어 두었는데 이것을 브랜드의 시작이라고 이해할 수 있겠습니다. 이와 같이 사전적인 의미와 그 유래에서 확인되는 것처럼, 브랜드의 본질은 '오리지널리티'에 있으며 이 오리지널리티를 사회를 향해 '커뮤니케이션'하는 행위가 브랜드에 있어 매우 중요한 요소라고 생각합니다. 그렇다면 브랜드에 있어 '오리지널리티'는 무엇을 얘기하는 걸까요.

먼저 여기에서의 오리지널리티를 특정한 형태와 형식이 있는 물리적인 것 그리고 대중성과 반대되는 의미의 개인주의적 관점에서 해석해서는 안됩니다. 단순히 남과 다른 무엇을 의미하는 것이 아니라는 것이죠. 저는 브랜드의 핵심 요소로서의 오리지널리티를 '의미 있는 가치를 담긴 진정성 있는 생각과 태도'라고 정의하고 싶어요. 그리고 이러한 생각과 태도를 제품과 서비스로 표현하여 오랜 시간 동안 흔들리지 않고 유지할 때 비로소 좋은 브랜드가 만들어진다고 믿습니다. 잘 알려진 브랜드와 좋은 브랜드에도 많은 차이가 있는데 대중적으로 인지도가 높고 넓게 알려졌다고 해서 그것이 꼭 좋은 브랜드인 것은 아닙니다. 결국 좋은 브랜드와 비즈니스 규모에는 아무런 상관관계가 없다는 겁니다. 그래서인지 제게는 '랑콤'보다는 '이솝'이, ' 나이키'보다는 '캠퍼'가, 도요타보다는 '미니'가 더 좋은 브랜드예요. 저 역시 비즈니스의 크기는 작더라도 그것에 개의치 않고 처음의 생각과 태도를 뚝심 있게 지속해 나가는 작지만 강한 브랜드를 만들고 싶고요.

대표님만의 경쟁력이 있다면 무엇인지 궁금합니다.

젊었을 때에는 체력도 경쟁력 중 하나였는데 지금은 경쟁력 리스트에서 사라진 지 오래네요. 타인이 저에 대해 생각하는 그것과는 다를 수 있겠지만 제가 생각하는 저의 경쟁력 중 하나는 디자이너라는 직업인으로서 '좋은 것을 좋은 것으로 알아볼 수 있는 역량'을 갖고 있다는 것입니다. 좋음을 알아볼 수 있는 능력은 누구나 가지고 있는 거 아닌가 하며 머리를 갸우뚱할만합니다만 놀랍게도 저 역량을 갖추는 것은 결코 쉬운 일이 아닙니다. 전문적인 교육은 물론 후천적인 노력과 경험이 있어야 하며 결정적으로 타고난 재능도 요구되기 때문에 프로 디자이너의 세계에서도 쉽게 만날 수는 없죠. 그리고 좋은 디자이너 그리고 좋은 디자인 사업가가 되기 위해 꼭 갖추어야 하는 능력 임에도 불구하고 현장에서는 제대로 평가받지 못하고 있어요. 좋은 것을 정확히 찾아내고 평가할 수 있는 능력은 디자인 과정에 있어 매우 중요한 조형력과 연결이 되며 그 조형력을 통해 비로소 아름다운 오브젝트를 만들어 낼 수 있습니다. 어느 때인가부터 디자인 씬에서 기획기능과 콘셉트 개발의 중요성이 떠오르고 상대적으로 스타일링에 대한 평가는 낮아지게 되었는데 이러한 흐름이 디자이너라는 직업의 본질을 희미하게 하고 있다고 봐요. 물론 상품과 사업을 만드는 과정에 있어 디자이너가 참여할 수 있는 영역이 확장되고 실제로도 중요한 역할을 하고 있음은 부정하기 어렵습니다. 하지만 역시 디자이너는 디자이너만이 할 수 있는 영역에서 본질적이며 결정적인 역할을 해야 한다고 생각합니다.

그 핵심 역할 중 하나가 바로 조형 작업 즉, 스타일링이죠. 기획과 콘셉트 개발은 기획자, 경영자, 엔지니어 등 누구나 할 수 있어요. 하지만 스타일링 즉 기획의 결과를 물리적인 것으로 시각화시키는 것은 모든 직업인 중에서 오직 디자이너만이 가능합니다. 그리고 이 스타일링을 높은 수준으로 한다는 것은 매우 어려운 일이고요. 우리가 어떤 인공물에서 감동을 느낄 때 그 이유는 다양합니다만 역시 조형적 아름다움이 가장 중요한 요소임을 알아야 합니다. 결국 디자이너는 조형적인 작업을 통해 감동을 만들어 낼 수 있어야 해요. 또 다른 한 가지를 꼽자면 발로 '생각력'인 거 같습니다. 그러고 보니 저는 '좋은 것을 좋은 것으로 알아볼 수 있는 역량'처럼 이런 것이 경쟁력이 될 수 있는 건가 라는 의문이 생길만한 것들만 장점으로 가지고 있나 봅니다. 그래도 숙련된 디자이너의 생각은 일반인의 그것과는 많이 다릅니다. 디자인라는 행위는 2차원 또는 3차원의 오브젝트를 만드는 것이 그 본질이고 디자이너가 창조한 결과물의 오리진은 바로 생각 속에 있습니다. 따라서 '생각력'이 부족하여 머릿속에서의 명료한 시각화가 불가능하다면 아이디어의 실제화 과정에서 불필요한 에너지를 소모하게 되고 결과의 예상도 흐릿한 상태가 될 수밖에 없어요. 다행히 저는 생각하는 과정을 통해 프로젝트의 시작부터 결과까지를 구체적으로 그려내고 정리해 내는 것이 가능하더군요. 머릿속에서 이미 뚜렷한 청사진을 가지고 일을 해나가는 것과 그런 지도가 없는 상태에서 진행

719

하는 것은 효율과 속도 그리고 완성도의 측면에서 큰 차이가 있습니다. 동시에 생각의 폭을 대단히 넓게 사용하는 것에도 익숙합니다. 이것은 아마 삼성에서 인하우스 디자이너로 일하면서 자연스럽게 만들어진 역량이 아닐까 싶습니다. 하나의 제품을 개발하는 과정은 삼성과 같이 거의 완벽한 시스템이 갖추어진 회사라 할지라도 매우 장시간이 소요되며 각 단계별로 실로 많은 인적 리소스가 투입되어야 하는데요. 이 과정에 투입되는 인력은 대부분 특정한 역할만을 전문적으로 담당하게 됩니다. 예를 들어 상품 전략과 기획을 하는 전문가의 시각은 기본적으로 해당 제품의 시장을 향해 있으며, 엔지니어는 경쟁사의 제품을 분석하고 기획된 자사 모델의 개발과 생산 즉, 하드웨어에 집중하는 것이죠. 구매 팀의 눈은 자재의 수급에 초점을 맞추고 있고요.

하지만 저를 비롯한 몇몇 디자이너의 역할은 조금 달랐습니다. 디자이너 역시 하나의 부서를 구성하는 구성원에 불과했지만 저는 그 역할의 한계를 기능적인 것에만 제한하지 않으려 노력했어요. 디자인 이전에 인간 즉, 디자인을 최종적으로 소비하게 될 사용자에 대한 생각을 많이 했고 시장 환경과 경쟁사 동향 분석은 물론 생산 과정 그리고 그 이후의 유통과 판매에 이르는 제품 개발의 전체 과정을 디자인의 대상으로 생각하고자 했습니다. 그런 과정 속에서 자연스럽게 생각의 시야가 넓어지고 어떤 문제에 직면했을 때 대응의 태도가 달라진 거 같습니다. 기회가 된다면 후배 디자이너들에게 이런 얘기를 해주고 싶어요. 자신에게 주어진 역할에서 최선을 다하고 좋은 결과물을 만들어 내는 것도 의미가 있지만, 그 역할을 벗어나 본인의 잠재된 능력을 최대한 펼쳐 보라고요. 디자이너의 능력은 여러분 스스로 생각하는 것보다 훨씬 크거든요.

대표님은 사업을 하면서 어떤 가치를 가장 중요하게 생각하는지 궁금합니다.

저는 현재 디자인 전문회사인 디파이닝, 부동산 투자 및 개발회사 메종 디파이닝, 공간 기반의 브랜드 개발 및 컨설팅 회사 UPP, 공유 오피스 브랜드 워크룸 등 다양한 회사를 운영하고 있어요. 그리고 하반기에 가구 중심의 오리지널 디자인 제품을 제조, 판매하는 회사를 런칭할 예정입니다. 디자인과 의, 식, 주 그리고 여기에 비즈니스를 상호 연결시키며 흥미로운 아이디어의 씨앗을 발견하고 이를 구체화시키는 과정이 재미있어요. 돈을 버는 것과는 별개로 말이죠. 많은 사업가들이 얘기하는 것처럼 사업의 목적을 돈에 두면 안 되는 것 같습니다. 이것도 가치의 하나로 볼 수 있을지는 모르겠지만 창업가에게 필요한 매우 중요한 태도예요. 저 역시 사업을 시작하기 전에는 이런 얘기들을 성공한 사업가들이 인터뷰나 책을 만들면서 하는 그냥 듣기 좋은 말인 줄 알았어요. 하지만 실제 창업을 하고 회사를 경영하면서 그 말의 의미를 이해하게 되었습니다. 디자이너로서 그리고 사업을 전개하는 사업가로서 저에게 중요한 태도와 가치는 '더' 좋음과 '더' 나음에 대한 진정성 있는 추구입니다. 지금보다 더 좋고 더 나은 제품과 서비스는 결국 사회를 좀 더 풍요롭고 아름다운 곳으로 그리고 살만 한 곳으로 이끌게 되죠. 이런 생각 때문인지 저는 혁신이라는 단어를 그리 좋아하지 않아요. 제게 혁신은 그리 특별한 것이 아니에요. 더 좋은 제품과 서비스를 만드는 과정에서 마주치는 현실적인 문제들을 처리하는 방법 정도의 의미입니다.

그리고 '지금까지는 없던 것을 완전히 새로운 것을 만들어내겠다'라는 생각도 하지 않습니다. 그보다는 우리가 일상적으로 경험하는 환경과 오브젝트들을 면밀히 관찰하면서 '더' 좋아지거나 '더' 나아질 수는 없을까 라는 질문이 제게는 중요합니다. 너무 익숙해서 거기에 문제가 있을까라는 의문조차 갖지 않는 것들 사이에서 '더'라는 빈틈을 찾아내는 거죠. 디자인의 본질도 바로 이지점에 있다고 생각합니다. 그리고 혁신의 추구보다 비즈니스적으로도 더 많은 기회가 있어요. 더 좋은 솔루션이 혁신적인 솔루션보다 사회적 수용도가 높고 더 많은 소비는 결국 더 풍요롭고 건강한 사회로 발전하는 이유가 됩니다. 그런 이유에서 디자인의 사회적 의미와 사업의 사회적 지향점이 한 곳을 향하고 있다고 생각해요. 본질은 같은 것이죠.

대표는 역할이 한 두 개가 아닌 것 같습니다. 대표가 가장 잘해야 하는 역할이 있다면 어떤 것일까요?

맞습니다. 규모를 떠나 회사에서 대표의 역할은 한두 가지로 규정될 수 없다고 봅니다. 물론 규모가 커지고 조직 구조가 세분화되면서 대표자의 기능은 자연스럽게 의사결정에 집중되게 됩니다만 회사 전반을 파악하고 이해하지 못한다면 최선의 의사결정은 불가능하죠. 반대로 기업의 규모가 작다면 경영에 필요한 여러 부문의 역할을 동등한 무게감으로 수행해야 하기 때문에 육체적, 정신적으로 상당한 압박에 직면하게 됩니다. 그래서 대표는 자기 관리에 철저해야 합니다. 다양한 업무를 단기간 내에 효율적으로 처리하기 위한 나름의 방법과 시스템적인 구축이 꼭 필요해요. 그리고 일상의 패턴을 단순화시켜 불필요한 에너지의 소비를 줄여야 하며 시간관리에 도 철저해야 합니다. 질문에 대한 답으로 좀 더 구체적으로 들어가 보겠습니다. 기업을 이끄는 대표의 역할은 그 회사의 규모, 사업분야, 업력, 핵심역량 등 그 기업의 여러 가지 조건과 상황에 따라 다르겠지만 공통적으로 갖추어야 할 가장 중요한 역할은 '등대로서의 기능'이 아닐까 싶습니다. 즉, 대표에게는 기업이 나아가야 할 지향점과 목표를 명확히 설정하는 역량이 무엇보다 요구됩니다. 그리고 목표지점까지의 여정을 로드맵의 형태로 구체화시키고 이를 회사 내부에 투명하게 공유하여 공감대와 실행에 대한 탄력을 얻어야 합니다.

더 나아가 이를 대외적으로 적극 홍보할 필요가 있습니다. 개인의 차원에서도 일상에서 많이 경험하는 것인데 우리가 다이어트를 할 때 또는 담배를 끊을 때 주위의 사람들에게 그 목표를 공유하면 성공확률이 매우 높아집니다. 이는 기업도 마찬가지여서 기업의 철학과 가치관, 비전 등을 사회 속으로 알리는 것에 노력할 필요가 있습니다. 사업의 세계는 미래에 대한 불확실성이 크고 주변 환경은 시시각각 변하며 경쟁은 나날이 치열해집니다. 이런 극한의 조건에서 생존하고 성장하기 위해서 기업의 대표는 목표를 정확히 좌표 화하고 그 지점으로 가는 길을 선명하게 그려낼 수 있어야 하며 필요시 그 길의 각도를 빠르게 조정할 수 있는 판단력도 갖추어야 합니다. 그리고 기업의 대표는 시대의 변화와 흐름을 정확히 스캐닝하여 성장 가능한 비즈니스 모델을 지속적으로 개발하고 필요하다면 다른 시장으로 과감히 확장할 수 있어야 합니다. 즉, 이미 성숙된 시장이거나 시장 규모의 빠른 성장이 예상되는 분야에서 기업활동을 해야 한다는 것이죠.

현시점에서 시장의 미래를 정확히 예측하는 것도 대표의 중요한 역할 중 하나입니다. 더불어 기업의 조직문화 역시 트렌드에서 뒤처지고 있는 것은 아닌지 세심히 관찰해야 합니다. 사업의 영위와 확장을 위해서는 역시 회사의 가치관에 공감하는 우수한 인재들의 영입과 합리적인 대우가 필요한데 기업의 내부 문화가 시대에 뒤떨어져 있다면 좋은 인력의 채용은 시작부터 불가능하기 때문입니다. 기업의 창업자라고 해서 본인이 원하는 모습으로만 조직과 문화를 만들어 가는 것은 좋지 못합니다. 회사가 사업적인 영위를 계속해 나갈 수 있는 것은 역시 임직원들이 제 역할을 다해주고 있기 때문이므로 대표 자신보다는 그들이 좀 더 즐겁고 열정적으로 생활할 수 있는 환경과 문화를 만드는 것이 무엇보다 중요합니다.

자신을 성장시키는 방법이 있다면 무엇인지 궁금합니다.

성장이라고 하면 뭔가 대단한 방법이 필요하겠구나라고 생각하지만 사실 일상의 작은 변화와 실천만으로도 우리는 계속 성장해 나갈 수 있다고 봐요. 예를 들어 이제부터는 한 끼의 식사를 하더라도 영양적으로 균형 잡힌 양질의 음식을 섭취하려고 노력하거나 책상 위를 늘 깨끗하게 유지하겠다라고 생각하고 실천해 보는 것이죠. 성장이라는 것을 지금까지는 모두 잘못된 것이고 뭔가 생활의 혁명적인 변화가 필요한 것으로 생각하지 않았으면 합니다. 작은 성장이 모여 큰 성장과 성숙이 될 수도 있는 것이니까요. 저 역시 일상 속에서 작은 변화와 정신적, 육체적으로 건강한 루틴을 만들고자 노력하고 있습니다. 그리고 제게는 외부로부터의 '자극'과 이에 대한 제 자신의 '반응'이 성장을 이끄는 또 다른 중요한 요소인 거 같습니다. 특히 타인으로부터 자극을 받는 것은 스스로의 발전을 위해 꼭 필요하죠. 그 무엇보다 자극이라는 것이 저를 행동하게 하는 원동력 인 셈이에요. 자극이 중요한 이유는 자극을 통해 건강한 긴장을 느낄 수 있기 때문입니다. 그리고 그 긴장은 우리를 현 상태에서 변하고자 하는 실제적 행동을 이끌게 되죠. 그래서 멘토 를 가까이 두고 그들과 대화하고 그들의 행보를 관찰하는 것이 중요합니다. 멘토가 꼭 인생의 선배일 필요는 없습니다. 나이를 떠나서 성공에 안주하지 않고 지속적으로 인생을 개척해 나가는 사람, 특정한 분야에서 정점에 오른 사람 그리고 인간과 사회에 대한 통찰이 높은 사람이라면 그 누구라도 멘토가 될 수 있어요. 만나서 대면할 수 있어야 멘토로 삼을 수 있는 것도 아닙니다. 디자이너라면 해외의 디자이너들 중에서도 충분히 멘토를 찾거나 만들 수 있어요. 그리고 그들의 말과 활동 그리고 작품들을 꾸준히 관찰해 나간다면 우리 스스로를 변화시키기에 충분한 자극을 얻을 수 있다고 믿어요. 결국 성장은 저 자신에 대한 기준을 계속해서 높여나가는 것에 있으니까요.

출처: worklum.com

고민이 많거나 번아웃이 올 때 이를 해결할 수 있는 대표님만의 방법을 갖고 계신가요?

생각해보면 성인으로서 이 사회의 구성원이 되어 살아간다는 것 자체가 무척 어려운 일인 거 같아요. 특히 지금처럼 자본주의가 극도로 팽창하고 소유한 자산의 크기에 따라 사회적 계급의 보이지 않는 계층이 만들어지는 사회에서 어쩌면 평화로움이란 것은 사치일 수도 있죠. 그리고 어떻게 살아야 하는 가에 대한 질문에 대한 답 역시 명쾌하게 말하기가 어렵습니다. 애초에 정답이 존재할 수 없는 질문이기도 하죠. 고민에 대해서 얘기를 해볼까요.

먼저 이 시대를 살아가면서 고민과 걱정이 생기는 것은 당연하다고 받아들이는 게 필요할 것 같습니다. 고민에 대한 해결은 바로 고민 자체를 있는 그대로 인정하는 자세에서 시작하기 때문입니다. 우리가 고민을 인정할 수 있어야 비로소 고민의 본질에 집중할 수 있게 되고 해결을 위한 효과적인 방법도 찾을 수 있다는 거죠. 고민을 받아들인 후에는 그 고민을 구체적인 표현으로 정리할 수 있어야 합니다. 1차적으로 머릿속에서 정리하고 특히 손으로 작성해 보는 과정이 꼭 필요합니다. 고민 속에서 벗어나지 못하고 한걸음도 나아가지 못하는 경우의 대부분은 고민이 정확히 규정되지 않고 추상적이기 때문입니다. 따라서 고민과 걱정을 플래너에 기록하는 일정과 같이 구체화시키는 작업이 꼭 선행되어야 합니다. 고민이라는 것은 구체화하여 표현되어야만 비로소 객관적으로 바라볼 수 있게 되는 거 같아요. 문제를 객관화시킬 수만 있다면 해결할 수 있는 솔루션을 찾는 것은 그리 어렵지 않습니다. 여러분도 고민이 많아서 힘들 때 구체화를 통해 객관적인 것으로 바라볼 수 있도록 해보세요. 그러면 가장 합리적이고 효율적인 해답을 자연스럽게 찾아낼 수 있을 겁니다.

평소에 어떤 곳에서 영감을 받으시는지, 또는 대표님만의 영감을 받는 방법이 있으신지 궁금합니다.

평소에 책을 많이 읽으려고 노력하는 편입니다. 그렇다고 일주일에 한 권, 한 달에 한 권을 읽겠다는 독서량에 대한 구체적인 플랜을 세우지는 않아요. 그것보다는 좋은 책을 여러 번 읽는 것을 선호해요. 그리고 다양한 분야의 잡지들을 통해 새로운 정보와 기술을 얻고 있습니다. 책을 통해 깊이와 성찰을 추구하고 잡지를 통해서 접하는 정보의 확장을 꾀하는 겁니다. 서점을 자주 가는 편이고 예전에는 충동적 구매를 많이 했습니다만 지금은 자제를 하고 있어요. 최근에는 보유하고 있는 책들도 지속적으로 가치를 재평가해서 버릴 것은 과감히 버리고 있죠. 책장에 가득한 책들이 주는 심리적 무게감이 상당하기 때문에 심플하고 기분 좋은 삶을 위해서라면 불필요한 책들까지 애써 보관할 필요가 전혀 없습니다. 책장을 책으로 다 채우려고 하지 마세요. 책장의 여백이 여러분을 얼마나 기분 좋게 하는지 모를 겁니다.

그리고 디자이너이다 보니 늘 새로운 오브젝트에 관심이 많아요. 제품과 공간 둘다 말이죠. 특히 잘 디자인된 공간을 통한 인상적인 경험은 영감에 많은 도움을 주는 것 같습니다. 삼성에서 삼성 디자인의 오리지널리티를 개발하는 팀에서 근무를 했었는데 그 팀은 순수히 영감과 인사이트를 얻기 위한 해외출장을 많이 다녔어요. 덕분에 디자인 선진국 그리고 디자인 중심지라 할 수 있는 주요 도시는 다 가본 거 같습니다. 삼성의 디자인을 정의해 나간다는 팀의 미션은 큰 부담이었지만 이러한 출장을 통해 경험한 선진적인 디자인 문화는 우리를 끊임없이 자극하는 계기가 되었고 더 나은 디자인을 향한 커다란 동력이 되었어요. 그때의 경험이 지금도 남아있고 새로운 공간에 대한 호기심을 계속 자극하는 거 같습니다. 그런 의미에서 서울이라는 도시가 주는 매력과 가치는 대단하죠. 이미 경제 문화적인 면에서 글로벌 스탠다드이기도 하고 무엇보다 주목할만한 특징은 세계 그 어떤 도시보다 변화가 빠르다는 겁니다. 무엇보다 놀라운 점은 그토록 빠른 변화의 속도임에도 결과물의 완성도가 매우 높은 수준으로 유지된다는 겁니다. 일에 있어 속도를 겸비한 완성도는 변화를 넘어 진화를 만들어 냅니다. 그리고 이제는 서울을 비롯한 주요 도시들이 서로 빠르게 연결되고 서로 긍정적인 영향을 주고받으며 함께 성장하고 있어요. 공간 환경의 변화는 그 안의 디자이너와 사업가에게 많은 영감을 주고 성장을 위한 기회를 제공합니다. 그것이 외형의 변화이든 형식의 혼합이든 아니면 새로운 장르의 출현이든 우리 주변에서는 늘 변화가 일어나고 있음을 인지하고 적극적으로 그 변화의 흐름을 읽어 내려고 노력해야 해요. 단순한 경험을 넘어 스스로 그 변화에 대해 직업적인 해석을 해보는 습관을 가진다면 우리는 그 공간과 오브젝트를 통해 인사이트를 얻을 수 있습니다.

선배 창업가로서 후배 창업가에게 들려주고 싶은 조언이 있다면 무엇일까요?

먼저 디자이너로서 그리고 사업가로서 대한민국을 베이스로 디자인과 비즈니스를 전개해 나간다는 것은 커다란 행운이라는 점을 말해주고 싶어요. 코로나 팬데믹과 OTP 시대를 맞아 우리의 음악, 영화, 드라마 그리고 음식의 수준이 이미 세계적인 수준이었고 무엇보다 세계 속에서 통할 수 있음이 증명된 것은 큰 의미가 있다고 생각합니다. 그리고 이런 현상은 기업가나 창업을 준비하는 예비 창업가들에게 많은 기회를 제공해 줄 거라고 믿어요. 따라서 로컬 비즈니스를 넘어 창업 초기부터 글로벌 시장을 목표로 도전해 보라고 권해주고 싶습니다. 그리고 사업을 한다는 것은 다양한 가치관의 사람들이 모여 공동의 목표를 향해 힘을 모으는 것인 만큼 팀을 구성하는 데 있어 사업의 비전에 대한 확실한 공감대 형성이 필수적입니다.

창업은 자라온 환경과 삶에 대한 가치관이 모두 다른 사람들이 모여 설명서 없는 회사라는 모형을 조립해 가는 것과 같기 때문에 이 과정에서 파트너들 사이의 마찰이 필연적으로 생기게 되는데 이런 갈등을 이겨내기 위해서 가장 중요한 것이 비전의 공감대이기 때문입니다. 그래서 회사의 비전과 미션에 대해 공감하지 않는 인력과는 처음부터 함께 하지 않는 것이 좋습니다. 돈을 받고 고용된 인력이라면 비전을 주입해서라도 함께 할 수 있지만 창업 파트너라면 상황이 완전히 다릅니다. 이때는 아무리 훌륭한 리더십을 가지고 있어도 그 관계가 유지되기 어려워요. 마지막으로 사업은 결과가 중요하고 결과의 가치는 규모로 규정되지 않는다는 점을 말해주고 싶습니다.

주변의 많은 창업가들이 처음부터 너무 큰 규모의 결과물을 목표로 하는 거 같더군요. 말로는 그럴싸해 보이지만 이럴 경우 장시간 동안 사업적 성취가 만들어지지 않아요. 그러다 보면 자금의 압박과 내부의 갈등들이 노출되면서 자연스럽게 사업 활동에 위기가 찾아오게 됩니다. 그래서 저는 항상 사업에 있어 '작은 결과'를 빨리 만들어 내는 것이 큰 결과를 위해 시간을 소비하는 것보다 훨씬 중요하다고 강조합니다. 그 이유는 먼저 상품으로써의 결과물을 만든 다는 것은 규모를 떠나 회사 구성원에게 좋은 에너지와 큰 자부심을 불러일으키기 때문입니다. 회사의 구성원으로서 상품의 기획부터 결과까지 전 과정을 경험해 본 것과 그렇지 않은 것은 역량과 자신감에 있어서도 큰 차이가 만들어집니다. 그래서 작은 결과를 속도감 있게 만들어 내고 그것을 통해 작은 성공과 성취를 경험할 수 있어야 합니다. 그리고 지금의 시대에선 작은 결과물이 커다란 성공으로 이어지는 것도 흔히 목격할 수 있기 때문에 이를 무시해서는 안됩니다.

대표님의 앞으로의 계획이 궁금합니다.

앞서 말씀드린 것처럼 가구 브랜드 런칭을 준비하고 있는데 이것의 성공적인 준비와 런칭이 가장 중요합니다. 23년도 리빙 디자인 페어에 출품을 목표로 하고 있는데 그러려면 이번 하반기를 충실히 보내야 할 거 같습니다. 지금까지 서비스업을 중심으로 비즈니스를 해왔는데 제조업으로 뛰어들면서 어떤 결과가 나올지 모르겠어요. 매출액의 규모를 떠나 최근 빠르게 성장하고 있는 라이프스타일 산업 속에서 의미 있는 역할을 할 수 있었으면 합니다. 그리고 이 라이프스타일 비즈니스를 통해 좋은 사람들과 많이 만나고 교류할 수 있기를 무척 기대하고 있어요. 그리고 빠른 시간 내에 제가 디자인한 건축물을 만들고 싶습니다. 어째서인지 건축에 대한 열정은 해가 갈수록 커지기만 하네요. 건축물은 디자이너로서 디자인할 수 있는 가장 큰 오브젝트이기도 해서 제게 늘 도전의 대상이었습니다. 준비는 착실히 진행되고 있고 아마 내년 중에는 첫 번째 결과물이 나오지 않을까 싶습니다. 사옥의 용도와 상업시설로서의 사용이 혼합된 형태의 복합 건물이 될 예정이고 지금부터 디자인은 진행하고 있어요. 업무와 상업 기능은 물론 지역 디자이너들과의 교류와 공동의 프로젝트를 위한 플랫폼 역할을 하도록 할 예정인데 그날이 벌써부터 기다려지는군요. 잘 준비하도록 하겠습니다.

창업가들을 위해 마지막으로 다시 한번 이 말을 강조하고 싶네요. 작더라도 좋으니 가장 빠른 시간 내에 사업적 결과물을 만드세요. 단, 이 결과물이 화려한 사업 계획서나 프로토타입이어서는 안 됩니다. 꼭 상품으로써의 결과물이어야 합니다. 카페 창업을 준비한다면 5평짜리부터, 건물을 만들고 싶으면 협소 건물부터, 전자 제품을 만드는 회사라면 에어컨이 아닌 휴대용 선풍기부터 시작하는 겁니다. 여러분이 만든 결과물이 사회에 질문을 던지고 우리의 일상을 좀 더 편리하고 풍요로운 곳으로 안내할 수 있다면 결과의 크기를 떠나 여러분은 주목받을 수 있고 더 큰 결과를 위한 좋은 사람과 동력을 여러분의 것으로 만들 수 있다고 확신합니다. 여러분의 창업을 응원합니다.

3
스타트업 X 프로세스

스타트업이라는 말도 예전에는 없었던 말이다. 이러한 용어들은 세대를 거치며 새롭가 정의되거나 변화한다. 스타트업을 꿈꾸는 사람이라면 기본적으로 알아야할 정의들을 담았다.

3-1.
기존의 프로세스

전통적인 제품개발 프로세스는 사업계획서를 기반으로 선형(Linear)프로세스를 통하여 제품을 개발하고 베타(Beta) 테스트를 통해 제품 개발을 완료한다.

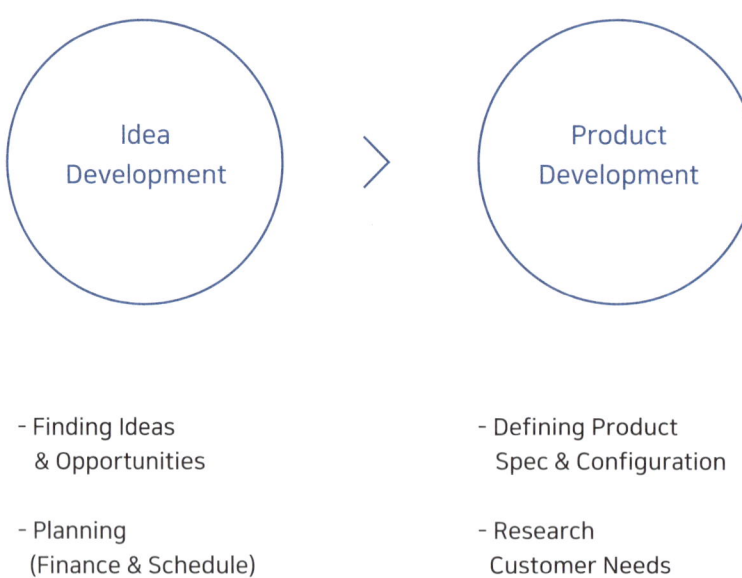

기업환경의 급격한 변화와 불확실성의 증가로 인해 기업들의 제품 및 서비스 개발 프로세스는 긴 리드타임과 높은 투자가 전제된다는 점에서 시장에서 실패할 경우 기업에 미치는 영향이 매우 크다. 또한 기밀을 유지하기 위해 제품을 개발하고 완성 후 공개하거나, 출시 전 일부 선택된 고객들에게 공개하여 부분적인 성능을 시험하고 대중의 기대 심리를 끌어 올리기 위한 베타 테스트(Beta test)를 수행하는 것이 대부분이었다.

출처: The Lean Startup, Eric Ries

High Invest / Long Lead Time / High Risk

3-2.
린 스타트업 (Lean Startup)[1]

린스타트업이란 아이디어를 최소 요건을 갖춘 제품으로 빠르게 제조한 뒤에 시장의 반응을 통해 다음 제품 개선에 반영하는 전략을 의미한다.

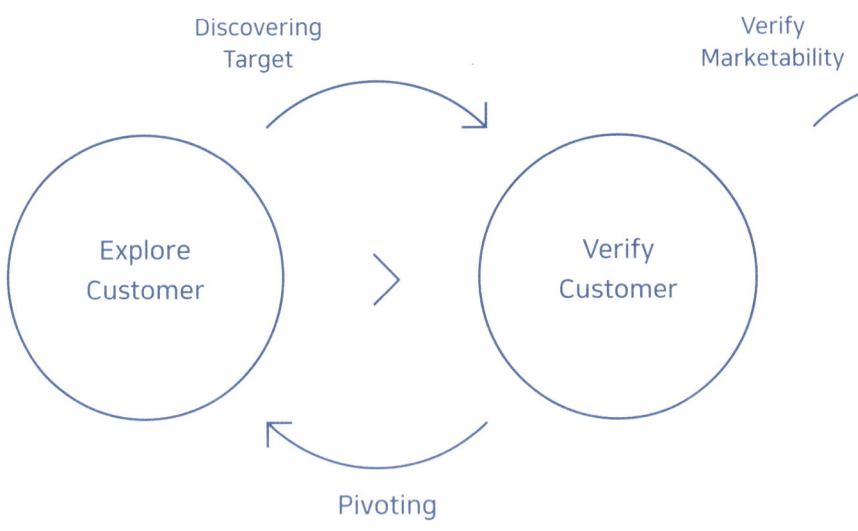

- Finding Ideas
& Opportunutis

- Planning
(Finance & Schedule)

- Making MVP
(Minimum Viable Product)

- Understand
Customer Response

- Analysis
Measured Result

- Product Improvement
or Pivoting

짧은 시간 동안 제품을 만들고 성과를 측정해 다음 제품 개선에 반영하는 것을 반복해 성공 확률을 높이는 경영 방법론의 일종이다. 일본 도요타자동차의 린 제조(lean manufacturing) 방식을 본 뜬 것으로, 미국 실리콘밸리의 벤처기업가 에릭 리스(Eric Ries, 1979 ~)가 개발했다. 린스타트업은 「만들기 ― 측정 ― 학습」의 과정을 반복하면서 꾸준히 혁신해 나가는 것을 주요 내용으로 한다.

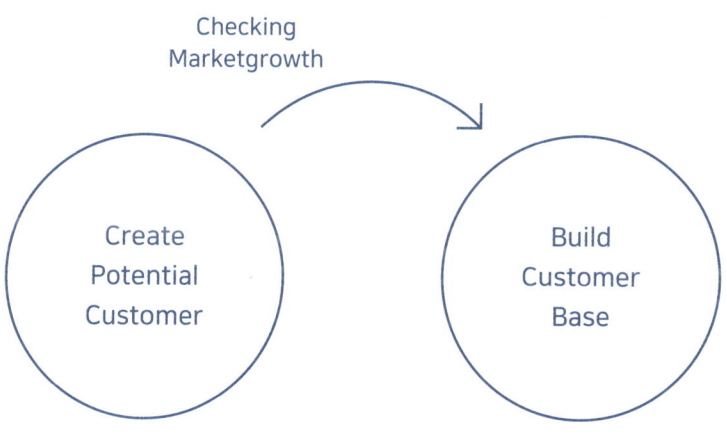

- Upgrade Product Completeness

- Planning Marketing & Sales Strategy

- Product Launching

- Expand Sales & Marketing Organization

출처: The Lean Startup, Eric Ries

3-3.
MVP (Minimum Viable Product)[2]

최소 기능 제품(MVP)은 고객의 피드백을 받아 최소한의 기능(features)을 구현한 제품이다. 초기의 MVP는 파워포인트 슬라이드, 비디오, 데모와 같이 단순한 표현으로 정의 될 수 있다. MVP에는 완성도 낮은(low-fidelity) MVP 와 완성도 높은(high-fidelity) MVP로 표현할 수 있다. 제품이나 콘셉트의 가장 초기 단계 버전이며, 이를 통해 창업가는 아이디어를 개선할 수 있도록 중요한 피드백을 제공받을 수 있다.

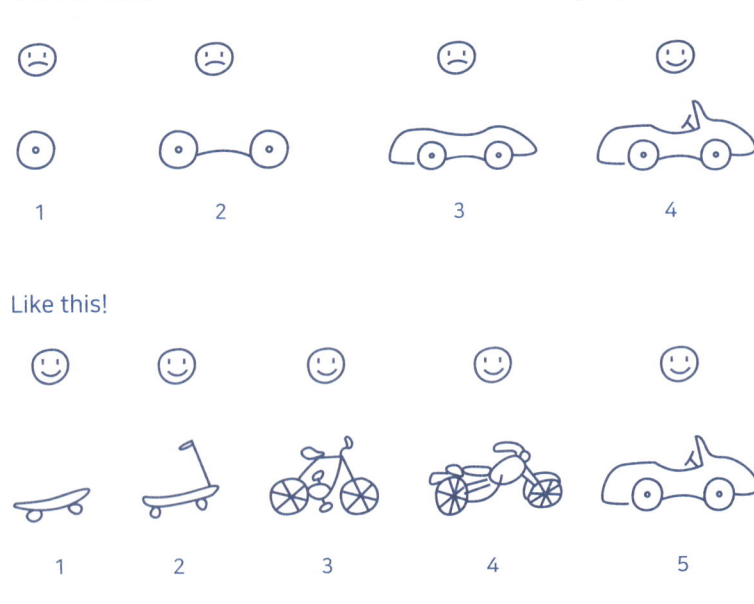

출처: Spotify's MVP Process

"만약 <상상했던 대로> 제품을 만들 생각이라면 <MVP = 프로토타입>이라는 생각에 갇힐 것이다."

Google Glass
MVP

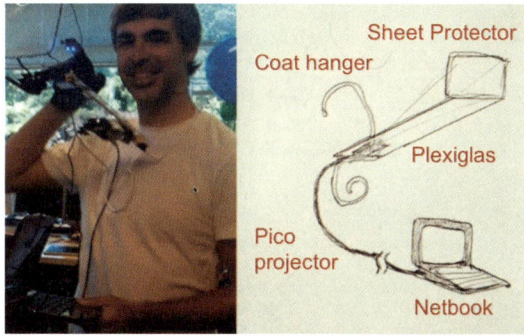

출처: Google+ TED Youth 2012_Tom Chi

Google Glass
Working Prototype

출처: hongkiat.com/blog/google-glass

Google Glass
Final Product

출처: designdb.com

3-4.
스타트업 용어

인큐베이터 (Incubator)[3]

인큐베이터는 초기 단계 기업에 필요한 사무공간 또는 사업 관련 멘토링을 제공해주는 단체를 말한다. 스타트업이 스스로 사업을 할 수 있을 때까지 관리해주는 게 인큐베이터의 주목적이다. 마치 아기를 키우는 보육기(인큐베이터)와 역할이 비슷해 이 같은 이름이 붙었다. 국내에서는 중소벤처기업부가 지정한 262개의 '창업보육센터'가 인큐베이터 역할을 한다.

예비 벤처창업자나 신생 벤처기업이 사업에 필요한 기본적인 인프라는 물론 법률, 회계, 자금, 인력, 홍보 등과 관련된 토털 서비스를 제공하는 것을 말한다. 현재 벤처 인큐베이팅 사업은 발굴 → 투자 → 전문컨설팅 서비스 → 사업화 → 공개투자 등의 일반적인 순으로 진행되는데, 이 모든 것이 자체인력으로 하는 것이 아니라, 각계의 전문가들과 전략적인 제휴를 통한 네트워크를 갖춤으로써 각종 전문서비스를 지원한다.

엑셀러레이터 (Accelerator)[4]

액셀러레이터는 어느 정도 성장한 스타트업이 사업을 한 단계 '가속'할 수 있도록 돕는 단체다. 투자유치 컨설팅, 사업설계 지원은 물론 투자에도 직접 참여한다.

2005년 설립된 미국의 와이콤비네이터(Y Combinator)는 에어비앤비, 드롭박스 등 다수의 유니콘(기업가치 1조원 이상 스타트업)을 키워낸 액셀러레이터로 잘 알려져 있다. 국내에서는 이재웅 쏘카 대표, 장병규 크래프톤 의장 등 1세대 벤처 창업자들이 참여한 프라이머가 대표적 액셀러레이터로 꼽힌다. 현재 145개의 액셀러레이터가 활동 중이다. 인큐베이터와 액셀러레이터를 구분하는 결정적 요소는 '데모데이(사업설명회)'다.

벤처캐피탈 (VC)[5]

창업투자회사의 혹은 모험자본으로 불린다.

새로운 제품 또는 서비스의 연구·개발을 위한 새로운 기업의 창립자금이나 신상품 또는 신기술의 기업화 자금을 투자 혹은 융자 등의 형태로 지원하고 그 기업의 성공한 후에 투자원본을 회수하는 동시에 높은 수익을 획득하려고 하는 투자회사로서 위험이 높으며 자본의 제공기간도 장기이다. 따라서 융자를 위주로 하는 기존 금융기관과는 자금외 지원방식, 투자금의 회수방법, 성과보수 및 리스크 등에서 현격한 차이가 있다.

엔젤투자 (Anger Investment)[6]

초기 단계 스타트업에게 상대적으로 적은 금액을 투자하며 조언자로 참여하는 게 특징이다. VC의 투자와 엔젤투자의 차이는 시장성이 증명되는지 아닌지로 볼 수 있다. VC와 엔젤투자 사이에 인큐베이션이나 엑셀러레이션 프로그램 이 들어가게 되는데, 이는 엔젤로서의 기능이 조금 확대된 것으로 이해할 수 있다.

데모데이(Demo Day)[7]

인큐베이팅이나 액셀러레이팅을 받은 스타트업이 투자자 및 일반인들 앞에서 서비스와 비즈니스 모델을 발표하는 행사를 말한다. 대부분의 액셀러레이터는 기수별로 스타트업을 모집한 뒤 사업 멘토링을 거쳐 데모데이에 내보낸다. 데모데이에서 투자자의 눈에 띈 기업들은 후속 투자를 유치하는 기회를 얻는다. 스타트업의 몸값이 높아지면 액셀러레이터들은 투자금 회수를 통해 이익을 낼 수 있다.

씨드머니 (Seed Money)[8]

창업 전, 혹은 창업 직후 제품과 서비스 개발을 위한 인건비 그리고 개발비 투자를 말한다. 대부분의 경우 엔젤 투자자(또는 투자사)에게 보통주의 형태로 받는다. 기관의 경우는 투자회수를 고려해 다른 방법으로 투자하기도 한다.
시드머니를 투자하는 엔젤 투자자는 비즈니스의 잠재성과 수익성을 아예 고려하지 않는 것은 아니지만 창업자의 기업가정신과 자세를 높이 평가하고 그들의 아이디어를 일정 수준만큼 발전시키는 것을 돕는 데에 의미를 둔다. 금액은 국내 기준으로 초기 개발비 정도인 2, 3천만 원 내외가 일반적이다.
한편 보통주는 말 그대로 이익 배당이나 잔여 재산 배분에 대해 특별한 권리 내용이 없는 보통의 주식을 말한다. 보통주가 1주만 있어도 영향력(주주총회의 의결권, 이사 또는 감사의 선임과 해임 청구권, 주주총회 수집권 등)을 행사할 수 있지만 배당을 우선적으로 받을 수는 없다.

시리즈 A (Series A)[9]

프로토타입 개발부터 본격적인 시장 공략 직전까지의 기간(보통 18개월 전후)에 받는 투자를 말하며 수억 원 내의 규모의 투자(지분은 15-30% 내외)가

이루어진다. 어느 정도의 초기 시장 검증을 마치고 베타 오픈 시점에서 정식 오픈 단계 전에 받는 것이다. 시리즈A 투자금의 의 주 사용처는 본격적인 제품 및 서비스 출시, 고객 피드백 모티터링 및 마케팅 비용이다.

시리즈A 투자의 기준은 서비스와 제품의 시장성과 매출 발생 유무가 된다. 투자를 받게 되면 투자를 받았다는 부분이 회사의 인지도와 신뢰도를 올려주게 되며 사업을 진행할 때도 투자사(또는 투자자)의 네트워크를 적극 활용할 수 있다. 투자 이후에는 해당 스타트업의 수익이 안정적으로 창출돼 비즈니스가 자생할 수 있는 기반이 다져질 것을 기대한다. 만약 투자 유치 이후 제품 혹은 서비스를 출시했는데 피드백이 긍정적이지 않을 경우 피봇하는 것도 방법이다.

시리즈 B (Series B)[10]

고객이 일정 정도의 규모가 돼 대대적인 인력확보나 적극적인 마케팅, 신규비즈니스 기회 개발 등 비즈니스 확장이 필요할 때를 위한 투자다. 즉, 어느 정도 시장에서 인정받거나 고정적인 수익이 있어 서비스가 안정화 단계일 때 진행된다. 시리즈B 투자를 통해 기대하는 것은 시장 점유율(Market Share, MS)을 확대하는 것이다.

기업 가치 (Valuation)[11]

말 그대로 해당 기업이 가진 가치를 말한다. 향후 얼마나 벌 수 있을 지를 예상해 현재 시점의 현금 가치로 환산한 값이다. 이에 동원되는 지표로는 기업의 매출과 이익, 현금흐름, 증자, 배당, 대주주의 성향 등 다양한데 그 중 '해당 기업의 한 주당 주식의 가격*총 발행 주식' 방식을 주로 이용한다. 더불어 흡사한 아이템으로 창업하거나 BM이 비슷한 회사를 참고할 수 있다.

사실 증명된 것보다 가능성이 훨씬 많은 게 스타트업이기 때문에 산출된 밸류

에이션 평가가 정확하다고 확언할 수 없지만 주먹구구식으로 투자를 진행할 수 없기에 최대한 객관적으로 맞출 필요는 있다. 높은 밸류에이션을 위해서는 이미 만들어진 서비스나 제품을 보여주는 게 가장 좋겠지만 그게 여의치 않다면 베타 형태라도 오픈하는 것이 좋다. 객관적 평가에 조금이나마 도움이 되기 때문이다. 만약 생각보다 밸류에이션이 낮아 목표한 투자금에 대해 넘겨야 할 지분이 너무 많다면 일단 필요한 만큼의 자금만 확보하고 밸류에이션을 더 높인 후에 새롭게 투자를 받는 편이 좋다. 적은 지분으로 추후 높은 투자를 받을 수 있다.

인수합병 (M&A)[12]

인수는 한 기업이 다른 기업의 주식이나 자산을 취득하면서 경영권을 획득하는 것이고, 합병은 두 개 이상의 기업들이 법적 또는 사실적으로 하나의 기업이 되는 것을 말한다. 일반적으로 M&A는 기존의 내적성장한계 극복, 신규 사업 참여에 소요되는 시간과 비용의 절감, 경영상의 노하우 습득, 숙련된 전문 인력 및 기업의 대외적 신용 확보, 경쟁사 인수를 통한 시장점유율 확대, 경쟁기업의 M&A 대비, 자산가치가 높은 기업을 인수한 뒤 매각을 통한 차익 획득 등 여러 이유에서 진행된다.

기업공개 (IPO)[13]

좁게는 해당 기업의 자본 공개, 넓게는 기업 경영의 전반적인 정보를 일반인에게 공시하는 상태를 말한다. IPO와 상장이 다른 의미긴 하지만 우리나라에서는 코스닥에 등록한다는 의미로 많이 쓰인다. 기업공개의 방법은 이미 발행한 구주를 매출하는 경우와 신주를 모집하는 두 가지 방법이 있다. 전자는 자본금이 증가하지 않는데 후자는 자본금이 증가한다. 성공적인 IPO를 위해서는 적정수준에서 기업을 공개하는 것이 중요하며 투자자들의 관심을 끄는 것이 필요하다. 때문에 시장상황에 따른 IPO 시기, 파트너의 선택에 신중해야 한다.

IR (Investor Relations)[14]

투자자들을 대상으로 기업 설명 및 홍보 활동을 하여 투자 유치를 원활하게 하는 활동을 의미한다. 주주총회, 투자유치, 보도자료 배포, 기자간담회 등이 IR의 대표적인 활동이다. IR은 일반적으로 CFO의 직속부서에서 담당한다.

IR을 직역하면 '투자자관계'가 되겠지만 이것은 사용되지 않는 단어이며, '기업설명활동' 이라는 말로 번역되는 것이 보통이다. 일반적으로는 IR이라는 단어를 그냥 쓴다. 일반 투자자들을 상대하는 IR 담당자를 '주식담당'으로 부른다. '주식담당'은 상장기업의 기업 정보란에 표기되는 공식 명칭이다. 투자업계에서는 이를 줄여 '주담'이라고 말하는 경우가 많다.

피치덱 (Pitch deck)[15]

피치덱 또는 피칭덱이라고 부르며 투자자를 포함하여 일반 청중에서 3~5분간 짧은 시간 동안 비즈니스 아이디어를 표현하기 위한 발표 자료를 말한다. 피칭덱의 목표는 주로 우리 비즈니스 아이디어/모델을 처음 보는 사람의 주의를 얻고, 관심을 갖게 하는 것이 목적이다. 피칭 덱은 우리가 풀고자 하는 고객의 문제, 이 문제를 해결하기 위한 우리 기업 고유의 가치제안 및 경쟁사와의 차별점에 중점을 두어 제작하는 것이 일반적이다. 그 다음으로 시장의 기회(크기), 팀, 향후 계획 소개는 필수적인 구성이다. 팁을 준다면 너무 전문적인 용어보다는 누구나 쉽게 이해할 수 있는 언어로 구성하여 스토리텔링에 집중하는 것이 좋다. 피칭 덱의 전반적으로 슬라이드에는 너무 자세한 정보가 아닌 기본적인 정보만 포함시킨다.

인베스터 덱 (Investor deck)[16]

인베스터 덱은 IR자료라고 부르며 실제 투자를 검토하는 투자자 혹은 이해관계자가 의사결정에 참조하기 위한 목적으로 검토하는 자료이다. 앞에서 설명한 Pitch Deck과 다르게 꼭 발표를 염두하지 않고 제작되어 페이지 수가 각양 각색이다. 피칭 덱보다 풀고자 하는 문제, 기업의 가치제안, 차별점, 시장의 크기, 팀, 향후 계획 등 Pitch Deck에 담긴 내용 포함하여 보다 자세하게 서술한다. 그 외에 출시전략(GTM)에 대해 보다 자세히 정리하며 이미 우리 비즈니스 모델에 대해 사전 정보를 가진 독자를 대상으로 하기에 비즈니스 용어로 우리의 비전에 대해 서술한다.

비지니스 플랜 (Business Plan)[17]

비지니스 플랜은 사업 계획서라고도 불리며 보통 사업을 시작할 때 가장 많이 고민하고 작성하게 되는 부분이다. 비지니스 플랜은 이러한 항목들로 채워져서 작성되고 계획된다.

1) Problem : 우리가 해결하고자 하는 고객의 문제는 무엇인가? (What)

2) Solution : 고객이 우리 제품/서비스를 솔루션으로 사용하는 이유는 무엇인가? (Why)

3) Product : 우리의 제품/서비스는 무엇이며, 고객에게 어떻게 가치를 제공하는가? (How)

4) Competition (with Better/Different) : 시장 내 경쟁자는 누가 있으며, 우리의 경쟁우위는 무엇인가?

5) Go To Market : 어떻게 시장에 진입하여 고객을 획득할 것인가?

6) Market Size : 우리의 목표 시장은 어디며, 그 규모는 얼마나 되는가?

7) Revenue Model : 우리의 수익모델은 무엇인가?

8) Traction/Milestone : 우리의 견인지표 성장세는 어떠한가? 우리의 향후 성장 마일스톤은 무엇인가?

9) Team : 창업자 및 창업팀이 지니고 있는 역량은 무엇인가?

10) Financial Projection : 향후 3개년 동안 우리의 매출/이익은 얼마나 되는가?

비지니스모델 캔버스 (Business Model Canvas)[18]

새로운 비즈니스 모델을 개발하거나 기존 비즈니스 모델을 문서화하기 위한 전략적 관리 및 린 스타트업 템플릿으로, 기업 또는 제품의 가치 제안, 인프라, 고객, 재무 등을 설명하는 시각적 차트입니다. 잠재적인 트레이드오프를 보여줌으로써 기업이 활동을 조정할 수 있도록 지원합니다.

비즈니스 모델 캔버스(Business Model Canvas)는 알렉산더 오스터월더(Alexander Osterwalder)가 비즈니스 모델 온톨로지(Ontology)에 대한 그의 초기 연구에 기초하여 처음 제안한 것이다. 2008년 Osterwalder의 작품이 발표된 이후, 특정 틈새시장을 위한 새로운 캔버스가 등장했다.

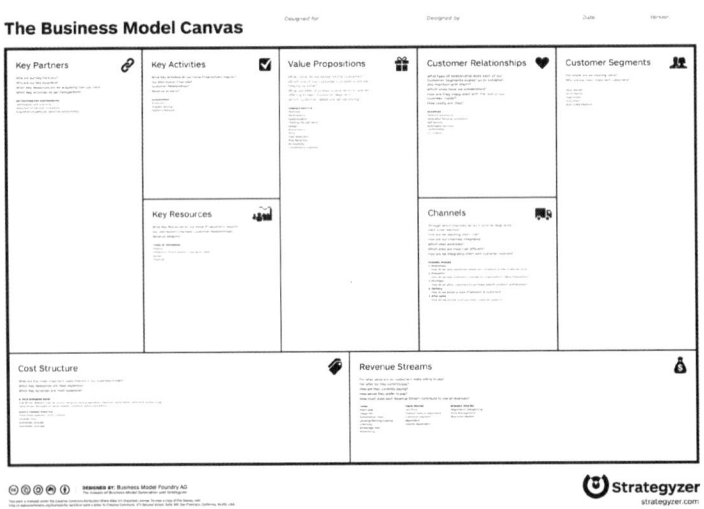

출처: ko.wikipedia.org/wiki

가치 명제 캔버스 (Value Proposition Canvas)[19]

가치 제안 캔버스란 제품을 사용할 고객의 프로필과 서비스에서 고객에게 제공하는 항목들을 작성하는 도구이다. 이를 통해 고객의 프로필을 자세히 작성하고 우리 서비스가 그 고객에게 어떠한 가치를 전달하는지를 자세히 작성하여 우리 서비스가 시장에 적합한지를 한눈에 보여주는 강력한 도구이다. 고객 프로필에는 크게 고객 행동(Customer Job(s)), 얻고자하는 혜택(Gains), 고객 불만사항(Pains)등이 있다.

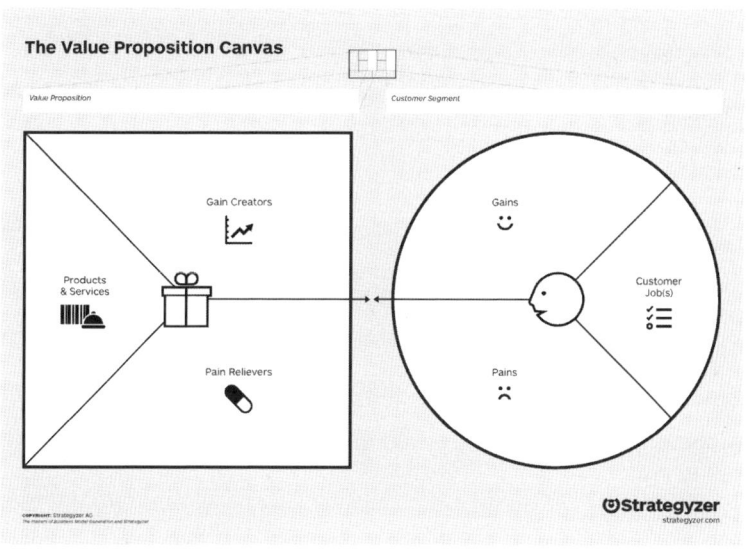

출처: designabetterbusiness.tools

에필로그

디자이너들이 혁신을 만든다는 말로 이 책의 포문을 열었다. 그리고 다양한 분야에서 혁신을 만들어 내고 있는 디자이너 창업가들을 만났다. 이들은 저마다의 새로운 관점으로 문제를 정의하고, 문제를 더 효과적이고 새로운 방식으로 해결하려 노력하고, 더 나은 가치를 제공하며 나아가고 있다. '디자인이란 단순히 예쁘게 만드는 것'이라는 선입견을 벗어나, 문제를 완전히 새롭게 바라보고 이를 빠르게 구체화할 수 있는 하나의 능력을 의미한다는 것을 알았다. 불확실성이 넘치는 코로나19 이후의 세상에서, 앞으로 디자이너의 역할은 더욱 중요해질 것이다. 디자이너 출신의 창업가들이 많아지고 이들이 더 중요한 문제를 풀어낼수록 디자인의 의미는 다시 새롭게 정의될 것이다. 결국 디자인이란 '생각을 시각화하는 능력'이라는 관점에서 차세대 창업가 또는 리더들이 꼭 배양해야할 과 하나의 덕목이 될 것이라고 감히 이야기해 본다.

그럼에도 불구하고 버티는 힘

또한, 앞서 만난 디자이너 출신의 선배, 동료 창업가들이 필자에게 들려준 내용은 시중에 널려있는, '이렇게 하면 성공한다!'와 같은 방법이 아니었다. 그들이 나에게 결국 이야기해주고 싶었던 말은 '그럼에도 불구하고 버텨내는 힘'에 대한 이야기였다. 창업을 하기 위해 창의적인 아이디어, 좋은 팀, 자본 등이 필요하다고 생각했지만, 정작 가장 중요한 점은, 창업가가 정답을 알 수 없는 상황에 놓였을 때 버텨낼 힘을 길러야 한다는 것을 알았다. 그들이 말해주는 '버티는 방법'은 저마다 다양했다. 이 다양한 방법들을 참고하여 나아간다면 조금은 덜 넘어지고, 넘어지더라도 더 빠르게 일어날 수 있지 않을까 생각한다.

당신이 창업할 마음을 먹었다면 이제부터 햇살이 비치는 날 보다 비가 오는 날이 계속될 가능성이 크다. 시작할 때 설레었던 마음들은 금세 사그라들고 여기저기서 해결해야 할 문제들이 굵은 비처럼 세차게 쏟아질지도 모른다. 열정으로 가득 찼던 당신의 머릿속은 지독한 장마 같은 시간을 어떻게 하면 벗어날까, 하는 고민으로 가득 찰지 모른다. 당신이 포기한 것들이 갑자기 커 보이고, 창업을 선택한 자신을 후회하게 될지도 모른다. 당신을 제외한 다른 창업가들은 전부 승승장구하는 것처럼 보이고 스스로의 능력과 자질을 의심하고 자책하게 될지도 모른다. 하지만 이 모든 시간을 굳건히 버텨낸다면 당신은 어엿한 창업가의 모습을 갖추게 될 것이다. 특별한 방법을 알게 되어서가 아니라, 당신이 버텨온 방법이 당신이 만들어낸 성공의 공식이 될 것이다. 당신이 방황이라고 생각하며 걸어온 길이 스스로 개척한 길이 되어 있을 것이다.

독수리는 비가 오면 구름을 뚫고 하늘 위로 올라간다. 태양을 보기 위해서. 창업자들은 비가 오는 상황을 탓하지 않고 스스로의 날개를 펴 구름을 뚫고 올라가는 한 마리의 독수리가 아닐까 생각한다.
이 책이 창업의 길을 걷는 사람들이 접고 있던 날개를 펴 드높게 비상할 준비를 도울 수 있었으면 좋겠다. 책을 펴낼 수 있도록 기꺼이 시간을 내어주신 올리브 유니온의 송명근 대표님, 맹그로브의 하진수 이사님, 모온의 문재화 대표님, 에이플럼의 남기태 대표님, 베이직먼트의 김대중 대표님, 링크 플로우 김준세 이사님, 해피해피케이크의 김민정 대표님, 워크룸의 윤여완 대표님께 감사를 드립니다.

주

1 The Lean Startup: How Today's Entrepreneurs Use Continuous Innovation to Create Radically Successful Businesses – September 13, 2011 by Eric Ries

2 The Lean Startup: How Today's Entrepreneurs Use Continuous Innovation to Create Radically Successful Businesses – September 13, 2011 by Eric Ries

3 dic.hankyung.com,https://dic.hankyung.com/economy/view/?seq=14196

4 dic.hankyung.com,https://dic.hankyung.com/economy/view/?seq=14196

5 dic.hankyung.com,https://dic.hankyung.com/economy/view/?seq=962

6 dic.hankyung.com,https://dic.hankyung.com/economy/view/?seq=10587

7 ycombinator, https://www.ycombinator.com/demoday/

8 wikipedia,https://en.wikipedia.org/wiki/Series_A_round

9 wikipedia,https://en.wikipedia.org/wiki/Series_B_round

10 wikipedia,https://ko.wikipedia.org/wiki/business_valuation

11 wikipedia,https://ko.wikipedia.org/wiki/M&A

12 wikipedia,https://ko.wikipedia.org/wiki/IPO

13 wikipedia,https://ko.wikipedia.org/wiki/Investor_Relations

14 wikipedia,https://ko.wikipedia.org/wiki/Pitch_deck

15 https://startupyard.com/

16 https://startupyard.com/

17 https://startupyard.com/

18 https://acquiredentrepreneur.tistory.com/4

19 https://plavement.tistory.com/28

DESIGN X INNOVATION
디자인 창업가 혁신을 만들다

초판 1쇄 발행 2022년 10월 21일

지은이 윤상원, 이민우

펴낸이 이민우

디자인 우지혜

펴낸곳 피플아이디

출판등록 2022년 8월 29일 제 2022-000168 호

주소 서울시 서초구 서운로 11, 304호

이메일 rookie.idea@gmail.com

ISBN 979-11-980077-1-1 03320

*정가는 뒤표지에 있습니다.

*잘못된 책은 구입하신 서점에서 바꾸어 드립니다.

루키북스는 피플아이디의 출판 브랜드 입니다.